德國管理大師教你跳脫受害者模式
破解人性窠臼
自我覺察的快樂指南

沒有一種**幸福**是**說好的**

柏里斯・葛倫德 Boris Grundl — 著
張綱麟 — 譯

Mach Mich Glücklich
Wie Sie das bekommen, was jeder haben will

推薦文

前言

1 你如何在不知不覺中，破壞重要的人際關係

推薦序

自我負責，才是開啟快樂之鑰

旅居德國的藝術家、作家 莊祖欣

三年前我不經意地拾起這本書。開始閱讀的前幾天，才發生German Wings航班的憂鬱症機長為了自殺而引領飛機撞山的悲劇事件，一百五十位乘客連機上服務人員全部罹難。當時我的大兒子在英國上學，每三個禮拜都搭乘German Wings的班機回家。發生這樣的人為意外，我和身邊大部分的人一樣，看到新聞及逐漸水落石出的病態謀略，都驚嚇得手足無措，想到如果不巧讓我兒子登上他駕駛的飛機，那後果……簡直不堪設想，可是還是神經質地忍不住去想，越想越汗濕背脊。

當時外子安德烈才去參加了一個企業經營座談會回來，感覺受到講者的無限鼓舞，且帶回這本主講人柏里斯．葛倫德（Boris Grundl）寫的《沒有一種幸福是說好的》（Mach mich glücklich，直譯為：讓我快樂）一書，擱在飯桌上。反觀我，被媒體裡的災難報導嚇得神經虛弱，加上親友間的病痛、出軌、爭執、離異、破產……等消息，深覺人生真是如臨深淵、如履薄冰，沒有什麼是穩當、肯定、順遂的，自處之策要不就是長出厚厚一層皮繭，抑制天生的易感易動，只求堅忍承受，並無奈地讓壓力對身心蠶食鯨吞；要不就是找人宣洩煩惱，一吐為快，藉著互吐苦水確認：我不是唯一的不安和懼怕者，似乎就稍微得到安慰和遺忘的可能性。只是，這種安慰和遺忘既消極又短暫，吐槽一旦結束，憂愁恐懼又再度湧上，再次陷入無助。

秉持著這樣的心理前提，我開始翻閱《沒有一種幸福是說好的》一書，一讀就被釘住了，再也停不下來。在作者柏里斯・葛倫德書中所舉的例子裡，我在在地找到自己和身邊的人們，換個面貌、換個名字、換個場景和時間，不斷地在世界各地重演，人性是跨越地域和文化藩籬的。有時候覺得，葛倫德他好嚴厲啊！直直逼視我內心的軟弱、虛榮和媚俗，把它們一一揪出來攤在陽光下釐清。他（在課堂上）曾跟我說，氾濫和沖昏頭的熱情、可歌可泣的悲慟並不值得追求；倔強的嘴角、含恨的眼神、憂鬱的容顏，除了唱歌時押韻好聽外，也不淒美，不必效法；傷春悲秋或冷漠無情都不是人生榜樣，也許值得寫入小說、劇本或詩歌裡，更受狗仔隊和八卦報導的歡迎，但是，都不是你我直視生命本質後的醒悟，也非為追求自由自主、終極快樂的選擇。

讀著這本書，心慌逐漸平靜下來，繼續讀下去，就感到從內在升起的一股力量：

我，掌握不了世事和命運，但是絕對可以掌握自己。掌握自己，就不再把種種抑鬱、失望、病痛……的責任推委給別人、推卸給環境，而是對自己的心情、處境、前途、健康……完全負責！負責是什麼？他說：「就算懷疑，仍然堅持。」

本書分成三大部分，第一章談個人，從男女感情、親子關係到個人目標，第二章談工作，動力何在？進步何在？報酬何在？第三章談社會，職業保障、學校制度、健康保險……意義為何？近年來網路上經常出現一些把德國人、德國制度捧上天的文章，接著無濟於事地說，看，人家就做得到如何如何，我們華人就是扶不起的阿斗，樣樣不如人。德國人絕不是各個都像葛倫德，有關懷的眼光和振作的動力，但是如果有人問我，摒除那些天方夜譚的「超級德國」文章外，可否推薦一本腳踏實地的、最能代表現代德國精神的書？我會毫不猶豫地說，那先從這本開始吧。

為了忠實原文，譯者維持了所有書中提到的、許多近年來發生在德國社會、經濟、文化中的例子，也許華人讀者會覺得事不關己，起不了共鳴。我在此懇請諸位讀者拿出「人心隔肚皮」的想像力，把這些例子裡的人名、地名換一換，就發現，沒有什麼所謂「強勢德國的專利」或「華人沉重的歷史包袱」之必然性。事實上，每一個人天生都被賦予了「選擇」的自由，即使我們是無選擇地被降臨在這個家庭、這個國家，也永遠不要加入無意識的集體悲情，而要有意識地活出個體的甘甜。每一份個體的甘甜，都是鼓舞集體生活的能量。

以前有位長輩好心諄諄教誨我：人生的好運厄運之多寡都是早就註定好的，開心、走好運的時候也要省著點用，別樂昏了頭，記得要未雨綢繆、居安思危啊！我像大部分的同齡人士一樣，沒經過大戰、饑荒或逃難的厄運，卻總覺得衣食無憂、網路暢通、資訊爆炸的現代也不好過啊！小顛小跛不斷，不如意事十之八九，也勉強湊到今日。如今的我不懵懂也不顫抖了，終於鼓起勇氣，大聲反駁這種「永遠活得不全然」的人生觀：快樂不能省著點用，快樂就在此時此刻，一錯過就沒有了；心胸敞開、頭腦冷靜，就算做些習以為常的小事，舉手投足都要充滿當下意識——出太陽的時候曬太陽，風起的時候去兜風，就是最好的未雨綢繆。居安就享受「安」，不必杞人憂天地「思危」；網球選手教我的道理，看準球勢，等球到了眼前才揮棒，太早「綢繆」和「思危」都只會讓你看不清楚且錯過當下，浪費精力而已。快樂不是每天講笑話、哈哈大笑，而是選擇現在、就是從這裡開始：我，為我的快樂、我的健康、我的愛情，負責！

校對此書中譯文之際，三年前閱讀時的願望又一次次地重現：真想把這本書介紹給我台灣的家人 XXX、台灣的朋友 YYY 和 ZZZ 啊！葛倫德說：「唯一能帶你抵達目的、受人尊重的路，就是逐漸接受自己，慢慢地深入了解自己……並幫助別人找到和接受自己，且開啟一個有建設性的迴圈。」

他說，這就是愛！

前言

通向「不幸」的路，是一條單行道

如果我們能夠剔除一切導致不快樂、不幸福、失敗的因子，那麼快樂幸福和成功是否就唾手可得了呢？根據近年流行的「快樂學」研究報告，快樂本身能刺激快樂的滋長，但是遠離負面因素卻無助於製造快樂；就算沒有離婚，並不代表你過的幸福美滿；就算討厭的同事離職，工作未必從此愉快；就算把弱點都藏起來，不見得就能立刻擁有出眾優勢。

既然對壞事敬而遠之沒有幫助，我們該怎麼做才會快樂呢？

請回想那些令你快樂的時刻：完成工作、達到目標、障礙排除、問題解決，還有享受美食與親密關係，都能讓我們快樂。然而，愉悅的感受不算深刻，快樂也有保鮮期限。接踵而來的挑戰，很快就讓你喘不過氣，不再沉浸於昨日的歡愉裡。這種狀況彷彿似曾相識：才慶祝過調薪或晉升，好勝心就驅策你去贏得更高獎賞；終於把孩子養到大學畢業，欣慰沒幾日，你不禁又擔心他畢業即失業、找不到結婚對象；度假酒店窗外的無敵海景使你心醉神迷，偏偏愜意時光總是短得教人心慌。

快樂何難之有？來片巧克力、收到明信片、運動後的大汗淋漓、親密關係、偶然被讚美、買了跑車、達到目標——這些簡單的小事情，都會促進腦內啡、催產素、多巴胺、血清素的分泌，它們在大腦科學中都被稱為「快樂素」。只可惜不論製造出多少種快樂素，沒有一種能持久，況且，大腦對同樣的外來刺激，反應也將變得遲鈍，動聽的流行新歌在重播數百遍後就喪失了吸引力，甚至讓人不想再聽。然而，人們對於「幸福快樂」抱著期待，於是不斷重複著尋找、失去、尋找、再失去的循環。

這可不是好現象。畢竟再怎麼拚命製造快樂，都只能淺嘗輒止。感受程度下降之外，部分慰藉物也帶著副作用；甜食造成發胖，就連被視為快樂泉源的金錢也非永遠萬能。「貪婪」是一條死胡同，闖進去的結果往往是失去更多。科學研究早已證實：因收入增加而帶來的快樂，達到一定程度後就停滯了。追求物質的人，往往更容易為物質所制約；過猶不及，都是不幸。

所以，快樂學是一門講究「平衡」的科學，重視的是在顛簸的人生道路中練習平衡的技巧。無論未來遭受什麼樣的打擊，良好的平衡感就能使我們從跌倒的地方迅速站起來。這種技巧就是「抗壓力」（Resilienz）。

話說回來，克服逆境和感到快樂二者有關連嗎？戰勝風浪的船夫，難道就不會被地上的小水灘給打亂腳步嗎？再怎麼風平浪靜，一旦吃光存糧還是難以存活。這就像是情侶從狂熱的相戀、到結為夫妻，最後卻發現不合適而貌合神離。

水能載舟，亦能覆舟。有時，那些讓人宛如置身幸福幻境的緣由，也具有將人推落深淵的反撲力道。感情無論再怎麼好，難保不會有觸礁的時候；船夫也無法在暴風雨來襲之時輕鬆微笑。攸關性命的時刻，船夫該怎麼做？祈禱神蹟降臨嗎？——研究指出擁有信仰的人較快樂——也說不定真的逃過一劫呢！但是，下次呢？

假如暴風接連出現，他還能指望奇蹟式的救援嗎？還是算了，乾脆躲進房間，聽天由命、眼不見為淨，讓乘客自生自滅？如果這麼做能再次倖免於難，那可真的是好運成雙了。你想要的是好運不離身的快樂嗎？那麼闔上本書吧！我不會教你如何獲得這種淺薄的、無從掌握的快樂。就算世界上真有一本《好運指南》，它也無法賦予你深層的快樂。

我想，這名船夫應該要走出船艙，竭盡全力對抗暴風雨，唯有如此才能使他發自內心的快樂，而且有益於他往後的人生。他想擺脫眼前的困境，就必須意識到自己有責任，然後負起責任。只有這樣才能自救，或許還能救別人一命。

倘若這艘遭難的小船就是你此刻的縮影——無論是剛失戀或被裁員，你會選擇逃避現實、祈求轉機，還是思考自己的責任並且勇敢地承擔呢？

每個人的快樂方法都不相同，快樂本是一種個人經驗，所以面對同樣處境，該怎麼抉擇，並沒有標準答案。勇敢面對暴風雨也許會讓船夫耗盡體力卻很快樂，但它不見得適用於每一個人——我們經常以為成功經驗可以完全地移植到自己身上，其實不然。若你擅長游泳，何不就縱身躍入海中、游到附近小島上找人救援呢？這是否有效得多？再說那座小島上，可能有棕櫚樹（新大陸？）、金礦（高枕無憂？），甚至夢寐以求的伴侶（新煩惱？）等著你去發現。

我並不是否定學習成功經驗，事實上，那確實是通往快樂的捷徑。德國的幸福指數在國際上僅居中段，不算亮眼，而丹麥、巴拉圭、不丹等國家幾乎是幸福排行榜常客。優等生丹麥最近更致力於研究「先天基因對快樂是否有影響」，希望能找出所謂的快樂基因。

快樂基因究竟存在或不存在，仍然有待科學家的証實。不過在那之前，光是盯著各國的幸福指數排行榜，我們是絕對找不到那把「快樂之鑰」的。

我想和各位讀者分享我的快樂經驗：當我愈認識自己，我就不常迷失在外面的世界；當我愈懂得分辨什麼對自己有益／無益，我就更不會和他人比較；當我看清自己

的動機、能力的限度，我就可以視動機來衡量極限，再採取適當行動。

瞭解自己就能主宰自己，不受環境左右，活得更自由。而活得自由的人，面對選擇時也較為果決。自由的代價就是勇於承擔後果。快樂的代價也一樣。我們不能變成懦弱逃避的船夫，苦苦等待天降好運；不勞而獲的註定是輸家。

大部分的人，都是用下意識來思考、行動並反應的。父母希望孩子走他們走過的路，因為這條路已被證明萬無一失，雖然這是出於善意，但也在無形中將弱點傳給下一代，抹殺了孩子本來可能發展出的優勢。類似的情況也發生在：老闆要求員工遵照同一套方法做事，政治家提出看似理想實則罔顧人民權益的政策等等。

我寫下本書的目的，就是為了探照出這類看似正確、實則偏誤的思考及行為模式，它們是通往幸福路上的絆腳石，而我們老是喜歡把這些石塊搬到路中央。

高度的自我覺察，是一封寄給幸福的邀請函。愈有意識就愈能果斷地承擔，追求快樂就是追求更多的自我承擔。

我得把醜話說在前面，這本書真的不是在談「邁向快樂幸福人生七大祕訣」。我若是知道了當然會告訴你。同時，希望你知道「追求更多的自我承擔」、「勇於負責任」比字面看來難上百倍。我也是費了好大的代價，才發現「生活品質」和「自我承擔」有著互為影響的關係。

接下來，就讓我話說從頭吧！故事得從我的人生出現巨變的那一刻說起。

*

當時，我因為一場意外事故而住進醫院，接受了長達九個月的復健。快出院之前，我認為我已經做足了面對現實世界的準備：接受半身不遂的結果。我相信我能應付得來，而且我也會更加珍惜仍未受損的好頭腦、健全的肩膀與雙手。反正只要使生活恢復常軌，把剩下的人生過好，就心滿意足了——至少本來我是這麼打算的。

抱著單純的想法，我回到從前的公寓。公寓裡有幾道階梯，對於坐著輪椅的我來說並不方便。但我仍然想再看看房子、街道與社區最後一眼，如同舉行告別式般向往日時光道別。

回公寓那天，隔壁女孩和我巧遇。我們以前就常往來，她喜歡找我聊天、覺得我很酷、很幽默且與眾不同。我也很喜歡她。

她看起來很驚喜，從馬路那端遠遠地朝我大喊：「柏里斯！」接著從她的母親身邊大步向我跑來。

在她快接近我的時候，我發現她突然愣住幾秒鐘，放慢了腳步，滿臉錯愕地看著我。現在她總算看清楚「柏里斯坐著輪椅」的事實。

她走到我身邊跟我打招呼，但不像剛才那麼興奮，氣氛略顯尷尬。

我們沉默了一陣子。

她終於開口了：「柏里斯，你……」

「怎麼了？」

「你從此一輩子都得坐輪椅了嗎？」

我的心在這一秒崩潰瓦解了。

聽見這句話之前，我認為我早就準備好面對這件事。然而此刻我的情緒還是不停地往下墜。我第一次如此沮喪。

我說不出話來，也無話可說。我無需旁人安慰或假裝沒事，只要安靜地承受腦中的一片空白。

我盯著她，她也直直望著我。

不知過了多久，我們兩人同時笑了出來。這真的沒什麼好解釋的。她輕輕拍了我的手，然後走回母親身邊。

從那天以後，我再也沒見過她。

*

這位女孩是我的人生中最重要的心靈導師。她一語驚醒了夢中人，讓我正視當時還看不清楚、也不願看清楚的艱難處境。她讓我面對現實，能從他人的角度來看自己。她讓我意識到自己即將進入至今從未經歷過的——確切地說，是我「不想」經歷的生活。

那一瞬間，我看見兩種責任的區別。一種是經過思考後，認知到的抽象責任；另一種是純然由情感承載的真實責任。簡言之，就是理性與感性的區別。這二者多麼不同！我總算意識到在想像與真實情況之間，橫亙著一道鴻溝。她對我可真是殘忍，竟然如此誠實而犀利地一棒敲醒了我。

假如你也願意，我會像那女孩一樣，用毫不保留的銳利、誠實與敬意點醒你。幸福快樂的人生即是成功的人生。當你凡事順遂，你的人生可說是成功的；倘若一生中都沒有太大阻礙，那就更完美了。但是成功的訣竅並不是把日子過得疲於奔命，這會加重你的心理負擔；也不是要想方設法填補心靈空缺。

你只需要挪走那些擋在半路上、使你無法前行的石塊；克服心理障礙、放鬆心情，專注於真正重要的少數事情上，幸福就會像好朋友般主動來探望你，甚至不待你的邀請。

而在幸福來按鈴之前，我的故事會繼續說下去……

1

你如何在不知不覺中，破壞重要的人際關係

讓我快樂！

李察．波頓（Richard Burton）與伊麗莎白．泰勒（Liz Taylor）這對鎂光燈所追逐的世紀銀幕情侶，彷彿就是幸福愛情的化身。他倆愛恨交織且戲劇性的戀情萌生於一九六二年，當時，兩人因拍攝電影《埃及豔后》（Cleopatra）而相識，很快便墜入情網。直到一九八四年李察．波頓過世前，他們的生活中幾乎離不開彼此，卻又無法在同個屋簷下和平共處。他們結過兩次婚，最後都以離婚收場，雖然也曾與他人交往，但卻不了了之。就在幸福看似難再續之際，伊麗莎白．泰勒收到了李察．波頓寄來的第三封求婚信，不過同時也傳出了他過世的消息。

據說李察．波頓在《埃及豔后》拍攝空檔對伊麗莎白．泰勒說的第一句話是：「妳長得真漂亮。」

伊麗莎白．泰勒芳齡二十八，躍居好萊塢一線女星，許多資金雄厚、製作規模宏大的電影主角都屬意由她擔綱。身為舉世公認的美女，這肯定不是她第一次聽到這種讚美了，她當然不會把這個從威爾斯鄉下來的舞台劇演員的話放在心上。

出乎意料的是，李察．波頓接著又說了：「但妳有點胖。」

此時，伊麗莎白．泰勒才打趣地看著李察．波頓，彷彿找到了潛意識中渴望已久的對手、一個能夠排遣無聊的人。兩人的愛情大戰於焉展開。

這場戀愛就好像加害者與被害者的攻防戰，充斥著漫天謊言。兩人輪流展現主導權：不斷侮辱對方，偶爾道歉示弱，再大吵一架、互相咆哮，藉酒精澆熄思念，最後又和好如初。他們愛得轟轟烈烈，也把對方傷得體無完膚，因為，他們都想要凌駕對方。

這樣的伴侶無法讓彼此快樂。

經歷了猶如擺盪天堂與地獄的十年婚姻，伊麗莎白．泰勒第一次決心要離開李察．波頓。他為此寫了封信給她，列出五點理由表示拒絕：「理由一：妳應該很清楚我有多麼仰慕妳。理由二：我說過很多次了，我愛妳。理由三：為了表現文采，我得承認沒有妳我活不下去。理由三：噢不，是理由四：假如妳離開我，我立刻自殺，而這是妳的責任。理由五：如果妳勸我放棄演戲，改做不感興趣的工作，我會考慮活到五十五歲。」

快樂債

「讓我快樂！」這句話，說的其實是「請你填補我的需要」。讓我快樂就是給我幸福。當我需要你，你就得在我身旁，給我我想要的，我就會快樂。假如無法滿足這兩項，我就不幸福。好個笑裡藏刀的情感勒索！

戀人之間有這種想法很正常，它也是讓數百萬人步入禮堂的原因。這種觀念也會滲透家庭，比方說「小嬰兒能讓年輕夫婦感情更融洽」或「夫婦感情融洽能令孩子愉快地成長」等。事實上，小孩子——尤其是愈年幼的，通常更願意竭盡所能地讓父母開心，甚至忽略自己的感受。他們經常因此而遭情感勒索，或成了父母之間的工具。

「讓我快樂」還有其他截然不同的表現形式——指責。「假如我媽不那麼過度保護，我能發展得更好。」怪罪於出生順序：「要不是弟弟搶走了父母的關愛，我會更快樂。」換作父母角度，就變成：「這孩子要是讓我們少操點心就謝天謝地。」這些埋怨聽來刺耳，它們都是以快樂受阻為由而發出的指控與勒贖。

不論「讓我快樂」以何種形式出現，背後都藏著消極的主導欲望。**索討者通常會採取先聲奪人的態度，宣告自己擁有的權力**。當他發現被索討者無法滿足自己的要求、決定離開被索討者時，這種情緒就特別強烈。我也有過相似的經驗。

我的初戀維持了九年，我和女友都認真的想要建立關係。我們珍惜彼此、盡力讓對方快樂，我想我們過得還算幸福。

我們條件不相上下。當年她二十四歲，容貌姣好、身材纖瘦得能上伸展台，加上長髮與翹臀，她在這段關係中扮演著公主的角色。而二十五歲的我，是體格健壯的職業運動選手、出色的音樂家、典型的陽光男孩，女孩們為我傾倒，我扮演的是英雄。我們享受兩人共處的時光，但是日子一長，我不禁開始懷疑當初為什麼要和她談戀愛。「這是愛情嗎？或是想談場戀愛？我真的愛她嗎？還是被她的美貌誘惑，才把她當作理想對象？也許她根本不愛我這個人，只是看上我的外在條件？」我愈想愈不高興，甚至想過她是為了讓

「讓我快樂」的想法背後，
是消極的主導欲望。

自己看來完美才與我交往的。我也發現無論再怎麼付出，就算把天上的星星都摘下來給她，她永不滿足。

我還沒釐清更細微的感受，卻意識到這段戀情已經走到盡頭。我向她提了分手，然後和朋友相偕到墨西哥旅行。結果，我在那裡跳水時不慎摔斷頸椎，返回德國時已半身不遂。

而我的前女友竟然不離不棄地陪伴著我，沒有留下我獨自度過黑暗。我在墨西哥緊急動了手術，搭乘醫療專機飛回斯圖加特。當機艙門打開，她早就站在那裡微笑迎接我，接著迅速幫忙打點我的大小事，彷彿我們從未分手。我最需要幫助的時候，她的出現猶如雪中送炭。這種情況下我根本無力對她說：「聽著，我們分手了。」當時我實在太脆弱，不敢承擔這句話的後果。發生意外讓我再也不能逃避與她的關係，我們也復合了。

然而無論起初看起來多麼的好，久了還是會變調。後來，我索性住在復健中心，全神貫注的鍛鍊身體。癱瘓讓我首次嚐到絕望的滋味，我更下定決心要掌握自己的人生。因此，我反覆練習那些我能自理的事：舉起雙臂、移動手指、思考、說話，往後，我還要趕快學會穿衣、出門、開車、工作。我想獨立更生，為不一樣的自己展開新生活，這項決定使我耗盡全力。

復合期間，我發現女友帶給我的壓力逐漸大過支持。最糟糕的莫過於她的埋怨：「為什麼一切都跟以前不同？為什麼你要這麼對我？（她指的是那場意外）」她開始懷疑我們是否還能生小孩，甚至產生補償心理：「我沒有棄你不顧，你當然該滿足我的願望，報答我的陪伴，否則這段關係很難維持。」她將彌補過錯的責任推給我，我無法不放在心上，常常覺得難過沮喪。在定罪者的背後一定有個負罪者，而我無疑是背負罪咎的人。

我在復健中心待了六個月左右。過程中發生了一件小事，讓我認清事實。我們打算共度週末，而我得從醫院離開，搭火車去找她；這讓我累得要命。我走出那家全天照護的復健中心，闖入困難重重的真實世界。她到車站接我，我好不容易坐進駕駛座旁，體力早就榨光，但也為自己小有進步而愉快。當她試圖將輪椅收到車內時，才發現事情並不如想像簡單。忽然間，她失去了理智，狠狠踹了輪椅幾腳，在路邊大哭起來。

那一瞬間，我意識到我們又回到了意外發生之前。我們不適合對方——意外發生前不適合，意外後的現在更不適合。這段感情固然歷經考驗，但我們最初的動機不復存在了。當時我考慮在科隆找間房子，此刻我的內心不停吶喊：「我想一個人住，凡事都自己來。我不想也無法勝任別的角色，我沒

定罪者的背後，一定有個負罪者。

有餘裕去滿足別人的幸福，我得把重心擺在自己身上。這會太自私嗎？沒錯，我是很自私！」

幾天後，我在復健中心告訴她我的決定。她很了解我，知道我不是隨口說說。但為了挽回感情，她使出最後絕招：坦露本性。她尖叫、嘶吼，衝進廚房拿刀，再衝進浴室馬桶旁，躺在角落地板上。我坐在輪椅上，視野受限，她卻故意拿自己的生命作威脅。

「你根本沒資格說分手！」她大喊，「尤其在我為你付出了那麼多以後！」

我慢慢靠近她，試著從她手中搶過刀子，但她在我無法搆著的地方，她也知道我無能為力。

她繼續叫喊：「走開，不要管我。」行為卻出賣了她。拿生命當籌碼，就是在宣告某種權力，好將我和她繼續綁在一起。你過來！你走開！她把我逼入無解的僵局，讓我不知所措。我覺得難過又充滿罪惡感，這種感覺又來了……

我發現她正在重複過去做過的事：把罪惡感加諸於我，讓我不得不留下。這使她覺得一切仍在掌控之中。其實這也是她離不開我的原因。但真相

改變越大，
看清真相的機會就越大。

偏偏要在重大改變之後才會明朗。我的重大改變就是搬到離她四百五十公里遠的地方。「改變越大，看清真相的機會就越大」的道理，我日後總算明白。

歸咎責任是一種有效的壓迫手段，前提是「負罪者」必須同意。一個願打，一個願挨。李察．波頓認為伊麗莎白．泰勒該為他的幸福負責，應該說服自己放棄演藝事業，終止那些讓自己不快樂的事。我的前女友也認為我有責任使她快樂。意外發生後，我想重新安排人生，但她希望我多關注且依賴她，這讓她有安全感、感到被重視，她要的不過如此：因為英雄必須讓公主幸福，兌現這筆快樂債就成了我的義務。

一段時間過去，她的歇斯底里稍見緩和。我確定她不是真想自殘，只想讓我心軟。又過一會兒，她似乎死心了，走出浴室、打電話叫人來接她，結束這場鬧劇。

於是我恢復成為一個人。我必須放掉多年來她加諸於我的種種責任。長期放任是我的疏忽，這並非英雄氣慨。我自由了。現在，我不必再為她心目中的「美好生活」負責，不必被餘生都得償還的快樂債給綑綁——無論是否發生過那場意外。當然，假如我們能共同面對並解決問題更好，但我們當時實在不夠成熟。

「不快樂」如何發生

她：「你每天看足球賽不膩嗎？」
他：「快點去幫我拿啤酒啦！」
她：「你自己不會拿嗎？」
他：「反正妳閒著也是閒著！」
她：「我閒著？你注意過我做了哪些事嗎？你眼裡只有足球！」

上述對話是德國幽默漫畫家羅里歐特（Loriot）經常描繪的情節，互相指責的劇情也在許多家庭中頻繁上演。「你的房間為什麼老是那麼髒亂！」「你可不可以先聽我把話講完？」、「你什麼時候才會自動自發，幫忙擺碗筷？」

要求的另一面是指責。「你老是／你從不管……」這句話說的其實是「我希望你做／別做那件事」。你不符我的期待，所以我不快樂。假如熱戀中的情侶、育兒的父母，不及早糾正這種習性，依賴模式將全面延續。「他應該替我做些什麼的」、「我還沒獨立，父母得幫我」，這些想法會讓人變得依

要求別人滿足你，會讓你變得依賴。

賴，等到有一天，對方拒絕或不再回應要求時，索討者便質疑：「他是不是不愛我了？如果愛我的話，我想要的，他應該會給我……」

結果就是互相傷害、心裡默默扣分，直至不予理睬——這就是「關係」的頭號殺手。此種行為模式與小孩子沒有兩樣；因為願望不被滿足而勃然大怒，怒氣以各種形式顯現出來，從自我傷害到蓄意忽視、消極性攻擊，乃至於長期怨懟。

這種模式的危險就在於，指責與罪惡感是互為因果。它普遍出現在每個家庭中。一旦無法從家人身上獲得想要的，就會把罪惡感加在那人身上，使其受責備，自己占上風。如同李察．波頓及伊麗莎白．泰勒「綁」著對方，儘管多數家庭成員之間不會愛得那麼用力。這種糅雜了傷害和期待的關係，並不是缺乏他人的關注，而是缺少「快樂」。

可惜光是嚷著「讓我快樂！」並不會讓任何人快樂。真相是：沒有人能讓你快樂，這項願望永不會實現。伴侶或家人、小孩或父母，都不是天生要來「讓你快樂」的。

毫無所獲的「追尋」

假如這些人不能讓你快樂，那麼快樂要從何處覓得？家庭的意義何在？

箇中道理看似簡單，但不易理解：快樂由自己認定。換句話說，快樂的人就是感覺得到快樂的人。一切都取決於你。

現代人似乎太過重視「追尋快樂」這件事。它被創作成小說、實用書與好萊塢電影，儼然是潮流或文化現象。我們相信快樂可以把握，幸福的權利人人皆有。「快樂」猶如福至心靈的「一切都對了」的瞬間，是個人短暫的巔峰體驗。但是假如你以為書上寫的「快樂」能隨傳隨到，還可牢牢抓住，你可能要失望了。

德國哲學家威爾海・施密德（Wilhelm Schmid）在訪談中提到：「我父母根本不知道『快樂』怎麼寫，但卻是我見過最快樂的人。」

現實生活中，就算人們再怎麼追求，媒體再怎麼炒作，都無法提升整體快樂指數。正好相反，這種風氣促使人們將平凡的日常攤在陽光下仔細檢視，結果令缺點暴露無遺：「我好像沒那麼快樂啊！我的生活一定還少了什麼，其他人看來快樂多了。總得有人為我的不夠快樂負責。」

看似淺顯但充滿深意的真理：
快樂與否，操之在你。

迎來快樂的方法，就是在遇上困難時仍不放棄自己，並認同現有的生活。超級名模米蘭達·可兒（Miranda Kerr）某次的受訪令我驚豔。她的兒子弗林（Flynn）出生後，娛樂圈總要追問她如何能在短時間內恢復曼妙身材。她回答得愉快坦然又一針見血：

> 「假如女人一生完小孩，她老公就問她為什麼不學學可兒、迅速恢復身材，你叫她情何以堪呀？做丈夫的無論如何都不該抱怨老婆產後的身材。她是他們選擇的伴侶，不是嗎？懂得欣賞另一半的美，由衷地愛她，她才能散發出更耀眼的光芒。」

生小孩對米蘭達·可兒來說是個美好的體驗嗎？根本就像去了趟地獄般痛苦。她從未想過生產如此劇痛。她的兒子重達五千多公克，整個生產過程長達二十七小時。她相信自己不需施打止痛麻醉藥劑，殊不知這過程可怕至極，成了她不願再回想的經歷。

至於她剛生下的寶貝，是否讓她的生活更加美滿呢？說到美滿嘛，「弗林」這個名字來自她的初戀。為了彌補她和車禍過世的初戀情人無法擁有孩

快樂經常出現於你認同現有生活之時。

子的遺憾，她的丈夫奧蘭多（Orlando）同意沿用其名。而孩子出生不久後，她父母的房子碰巧遭雷擊燒毀。你說，弗林是美滿的保證嗎？

但是，在一到十的快樂指數裡，可兒覺得自己有多快樂呢？在訪談中，她答道：「現在是十分。」

這正是我找到的答案：現在。把生活是否快樂美滿的問題拋到腦後，面對生活中的陰暗面，與困難共處，這讓我意識到沒有人該為我的快樂負責，包括伴侶、小孩或父母。其次，我認為應該去體會每個細微的快樂時刻，而這的確是一門深奧的藝術。

生活是各種人際關係的集合。包括自處、相處、迎接新生、告別故人等不同意義的連結。家人和伴侶能讓我們體驗到「關係」，並讓我們在互動中成長，這就是他們存在的意義。

人際關係會改變我們——當我們全心接納別人時。接納別人不意味要改變他，強迫他達成我們的期望。我們沒有資格去形塑他人、讓對方變成自己喜歡的樣子。

與人建立關係、接受原原本本的對方，能幫助我們檢視自己、學習圓融；唯有寬容大度才能做到這一點。關係如同一面鏡，只要別人身上有我看

擁有快樂生活的首要條件：
放棄對快樂的要求。

不順眼的地方，就反映出我自己仍有沒解決的問題。關係讓我們學習如何應對並發展自我。看好了，是發展自我、不是發展別人。

只是究竟會發展出什麼結果，完全取決於自己。所以說，快樂是一個決定：決定認出內在的快樂，決定深入認識自己。這說來簡單，其實很困難。

快樂是一個決定。

愛我！

「你聲嘶力竭，卻無人聞問。曾有個人重要到使你無地自容，沒有他你什麼也不是。你痛徹心扉，卻無人理解。你在絕望中迷失，卻不被救贖。當愛已逝，你仍徘徊傷痛，只為緬懷曾經的幸福。」

英國超級名模艾潔妮斯．迪恩（Agyness Deyn）為流行樂天后蕾哈娜（Rihanna）的暢銷單曲〈找到愛〉朗讀過這一段憂傷的獨白，MV 故事更是充滿心碎與傷感，它點出人們總是混淆了愛與幸福，以為占有對方就能填補空虛，激烈的反應就是愛情。

可是愛情並非如此。

蕾哈娜和英國年輕拳擊手歐蕭納斯（Dudley O' Shaughnessy）飾演一對

瘋狂戀人。他們相愛、玩樂、嗑藥，隨著生活逐漸失控，兩人已深陷盲目依賴之中。狂歡的夜晚，他在她臀上刺下「我的」。他想占有她並凌駕於她之上，她則想讓他乖乖服從。這對戀人不斷爭吵、和好、爛醉如泥，直至失去愛的意義。

醉愛

強烈的感情未必就是愛情，頂多是很喜歡而已。那麼，愛情何時降臨？就像劃破寧靜的一道響聲：「他不愛自己，所以我想好好愛他！他不接納自己，所以我會盡可能地包容他！」這才是愛情最常出現的場景。

這是非常情緒化的決定。許多人把這種情緒視為熱戀，但它根本算不上愛情。唯有先認同自己、愛自己，才有能力認同別人並付出愛。當一個人不懂自愛，他也就不懂如何接受愛。這將使決定投注愛情的那個人受傷、不平衡，轉而開始索討愛。

等到盲目的熱戀期過去，雙方的缺點就會赤裸裸浮上檯面，並想著要控制或改變對方，接下來就是一連串的鬧劇。

唯有先愛自己，才能愛別人。

戀愛中的人並非都是完美無缺，身上多少都帶有自覺或不自覺的陰影和創傷。

試想有兩個水族箱，中間靠一條水管連通。沒有水管時，兩邊的水質都很清澈，因為泥沙沉在箱底；裝上水管後，水波將泥沙震起，水質也就變得混濁了。

水族箱就像兩個人，水管就像戀愛關係。人們常認為是對方汙染了水族箱，但私毫不曾發現那是自己心底的沉澱物。這些被震得老高的「髒東西」，通常是對方難以忍受的壞毛病，其實，它更反映出自己不成熟、害怕面對的問題。在感情當中，伴侶就是一面鏡，映照出我自己的不足。

唯有先把自己的水族箱徹底清洗，對方才會甘願動手打掃。當我這裡的水質乾淨了，也能幫助淨化他箱中的水質。

還沒想通這個道理之前，我總以為都是前女友不好。她「自私、狹隘、愛吃醋、個性差」，我只是被迫杜絕那些干擾。不過，這種想法是錯的，在另一半身上看不慣的問題，十之八九都是我的問題，但我從未正視過，又遑論解決。**當多年的老菸槍搖身變成極端不菸主義者時，他對抽菸者的厲聲斥喝，只是突顯出對自己的不諒解罷了。**

在感情關係當中，伴侶也像信使，負責傳遞關鍵信息。你應該很清楚信使古來的命運……。當軍隊奉命上場打仗，幾週之後，信使拖著最後一口氣，趕回城內。「稟告國王！敵軍太強大，我軍必死無疑啊！」你猜，國王會怎麼對待他？在沒有勇氣接受事實的情況下，國王會先斬了他以洩心頭之怒。信使成了可憐的代罪羔羊。

信使並不等於信息。好信使也會報憂，壞信使也可能報喜。處決信使的行為，說明了在位者對現實的無能。

在愛情中，伴侶只是稍來信息、揭露真相，他傳遞的事實早在他出現之前就已經存在。他只是說出被掩蓋的真相。

當雙方都意識到自身不足並大方承認，兩人才有機會建立深刻的愛情。在自知不完美的情況下接納對方，自己才有機會發展完全。愛別人之前，首先要學習愛自己。

愛就是打從心底認可自己——無論遇到什麼情況、採取什麼方法，自己都能負起責任。負責就是面對現實。事情是好是壞、有無外援，都不放棄自己。如此你才有能力去照顧別人。這樣的順序才對。所以，**真愛一點都不盲目，它是睜大眼睛注視的結果**。

負責就是面對現實。

處決信使的行為，凸顯出信息的真實性。

相反的，將對方捧上天、逼他扮演某種角色、藉由他來讓自己完美，則是在逃避責任。這麼做不是面對現實，而是索討對方滿足自己的安全感。

人們經常把這種自私，誤認為是愛情。「如果我覺得自己不夠好，他就該肯定我、多誇獎我。」這是想要被愛，而不是愛，兩人感情當然不持久。那就像兩個獨腿之人相互倚靠，以為「有兩隻腳就站得穩了」，卻沒想過幻想會破滅，一旦地震，兩人都會跌倒。

枷鎖遊戲

最近在我輔導的個案中，有名男子跟我抱怨，說他找不到理想的對象，因為沒有人符合他的標準。

我問他：「你的妻子得具備哪些條件？」他拿出願望清單，就如四歲小孩在聖誕節前夕、寫給聖誕老公公的許願信，這張清單列了一長串。當他唸到可能是第十一項時，我忍不住打斷了他：「你認為自己符合當中哪幾項呢？」

他以滿臉愕然代替回答，迷惘的雙眼穿過眼鏡，注視著我。

每個人都想找到心目中的白雪公主或白馬王子，對未來滿是憧憬，然而沒有人捫心自問：「我該如何成為別人心中的白雪公主或白馬王子？我要如何讓自己比別人更值得被愛？我該怎麼達到那些我對別人設下的標準？」

在尋找理想對象之前，請先反問自己這些問題。與找到理想對象的願望相比，把自己變成理想的對象，結果必然更好。

該怎麼把自己變成理想對象？答案很簡單：「不放棄自己。」不要一味遷就別人而迷失自己。尋找伴侶時是這樣，談戀愛時更是如此。

不放棄自己，意思就是愛自己。有三個必要步驟：首先要認識自己是個怎麼樣的人，其次是認可並包容自己，如此一來，最後的改變就會自然發生。你的身心將在過程中變得和諧一致。

認識、認可、轉變三階段，就是每天走同一條路，卻都在同一處坑洞跌倒的人，必須經歷的學習過程。他得先認知到「我每次都在這裡摔個狗吃屎！」但光是如此還不夠，他還得覺察到「因為路上有坑洞」，才有辦法繞道而行。在轉變這個階段，他就能自動改走別條路，這是下意識展現的能力，達到這個階段就表示情況良好，問題解決，他不會再重蹈覆轍——至少不再在同一條路同一個坑洞上摔跤。其他坑洞才有可能會害他摔倒，不過這又是

愛自己的三步驟：
認識自己、認可自己、改變自己。

新的課題了。

在一段戀愛關係中，另一半的責任不是填補你的不足。他沒有任何義務，反倒是你該為自己負責，而他的信息可以幫助你，讓你發展更好的自己。

把心思放在自己身上

愛自己——這句話聽起來怪怪的。難道不會讓人變得自私或自戀嗎？自戀是過度自我中心，並不等於愛自己，只是虛張聲勢的掩蓋恐懼不安，就像是心靈受創的健身人士，用結實的肌肉來隱藏自己內心的脆弱。

自我中心的人並不成熟，因為他們只管要求別人，只想接受而不想付出。他們藉由壓迫別人來肯定自己，但從不敞開心胸；他們想擁有更多權力，藉此提升薄弱的自信心。假如別人給的不夠多，他們就開始責難。為了不必付出，他們會先指責對方沒有盡到義務。指責對方就能將自己置於不敗之地。乍看之下這是非常聰明的作法，實際上，他的無能為力早已讓人一覽無遺。

反觀那些懂得愛自己的人為何成熟——他們未曾想過從別人身上獲取什

先指責對方，
是為了將自己置於不敗之地。

麼，總是付出。他們對外界敞開心胸，坦然面對現實的殘酷。他們跟自己站在同一陣線，正視自己逃避的問題，試圖解決。這種人在努力後贏得的果實，就是成為一個有吸引力的人。他們麻煩得有點可愛，於是更值得被愛。因為過去付出的愛，在這時候回到了他們身邊。

覺得伴侶不夠愛自己的人，則要練習看重自己。方法是：仔細回顧人生走到目前所累積的成果，比方說「戀愛關係經營得怎麼樣？」這可以幫助你認識自己。若結果與你的自我認知相符，那麼就有了成功的開始。這在經濟學上稱為存貨盤點。

你得先學會認同自己——但這並不表示你從未遭遇困難。我們很容易掉進自我肯定的陷阱，利用他人來提升優越感，這種情況不只在感情關係，也在家庭裡發生。生活充滿誘惑，因為每天都有新挑戰，這是擁有拼組家庭（Patchwork-Familie）[1]的我格外注意的。

第一次見到我的繼子時，他才兩歲大，現在他十八歲了。我對他的感情

1 拼組家庭（Patchwork-Familie），意指男女雙方都帶著在上一段關係中生下的小孩，組成新的家庭，這個現象在德國十分普遍。

如果沒有被愛的感覺，
就必須先看重自己。

發展得比他對我的快。他愛他的生父，所以本能地扮演起「父親」的角色，想要保護母親。我的出現對他構成威脅。家庭對一個人的影響，真是深遠得讓人無法置信。如果當初我不夠深思熟慮，很可能就會利用權力或言語上的優勢來達成目的。我想要拉攏他。這份渴望與堅持始終是我內心的課題。

過去至今，我總是小心翼翼地讓他維持與生父的關係，並且不讓我和他的生父處於對立面。要做到這一點，我必須將自己的渴望歸零，耐心且安靜地等待。就這樣，不知從何時起，事情就按照我所想的順利發展下去了。「不放棄自己」的確沒有錯。

現在我和繼子的感情很好。他有父親，而我並非父親的代替品，也不是父親的競爭者。他讓我成為他精神上的父親，為此我十分感謝他。

從這段經驗看來，愛其實很簡單。但要能承擔由愛而生的後果繼續生活，卻比想像中的困難。

不放棄自己，
事情就如所想的順利發展下去。

填補空虛的愛

希望小孩來愛自己，是一種過度要求。愛情需要成熟人格做後盾，但是孩子的人格尚未發展成熟，他們的愛是天真無邪的：坦率、不加掩飾、不假思索、沒有窮盡、沒有理由、直接而崇高。他們經驗著一切，也接受一切。孩子能和周圍的人事物和平共處，專注於玩他們的玩偶、踢足球或打電腦。他們當然愛父母親，但那會是成熟的愛嗎？在展現出成熟的愛之前，他們必須認識且認同自己，為此他們需要先展現獨立自我，才有能力與世界劃清界線。多數人是從青春期開始發展這個面向。

在兒童及青少年階段愈能夠培養出自我，性格就會發展得更成熟，也就是能夠認識自己、認同自己，並有能力去愛。

許多父母因為不夠愛自己或覺得另一半不夠愛自己，轉而向孩子尋求這份愛。這對孩子來說不僅是折磨，也影響他們的成長。他們不會再像以往那麼單純。孩子沒有機會選擇父母，而此種親子關係，使他們沒來由地產生罪惡感，即使他們還沒有能力，仍然會試著以天真的愛來回應父母的要求，填補父母的空虛。他們代替父親或母親去面對現實，勇敢的說YES，雖然承擔

愛很簡單，
但要持續承擔愛的後果，比想像困難。

了責任，但其實根本無力承擔，到最後，親子雙方都承受痛苦，尤其是小孩。

如果母親把女兒送到幼兒園上學，離開女兒時，內心一陣空虛，那可能表示她平時不自覺拿小孩來填補內心的空虛。她將女兒擁入懷中，在她耳邊說：「媽媽要走了，不要害怕，不要哭哦！」和媽媽朝夕相處的女兒，下意識馬上就明白了現在的情況。她開始哭泣：「媽咪不要走！我不要一個人！我要跟媽咪在一起！」

幼兒園老師牽住小女孩的手，這位母親流淚向女兒道別。此時，她內心的空虛彷彿被填補了——她是被需要的。她在孩子心中無可取代，孩子面對離別時出現了負面情緒，使她感到滿足。

每個家庭裡，都有著自以為是愛的模式。誰小時候不曾被愛的攻勢淹沒？父母有時會以愛之名，直接忽略孩子的感受。典型的情況是，拿衛生紙用力地抹掉孩子臉上的食物殘渣。雖是出於善意，但卻缺少尊重。

這還不是最嚴重的。強行向你愛的人索求愛，是在剝奪他的自由。愛無法強求，深切的愛只在自由、自主中才會出現。愛一旦被強求就會立刻消失。

如果我太太規定我每天說十次愛她，將造成我的壓力——我填補不了她內心的空虛。她不夠愛自己，因此希望我來填補，這會影響婚姻關係、家庭

愛一旦被強求就會立刻消失。

生活，最後我和她只能在無法實現的願望面前止步。

箇中的原因，我想各位讀者都已明白。

自以為是的愛

《找到愛》MV結尾，蕾哈娜吐了。她男友躺在地上，一副虛脫的樣子。他抓住她的褲管，不用聽也能猜出他在哀求：「別走！我需要妳，我願意為妳做任何事。」

這是在胡說。殺人、搶銀行也行嗎？為什麼做出缺乏自我意識的承諾呢？**我從不期待有人願意為我做任何事。我希望愛我的人懂得思考、檢視自己，依照她希望的去發展自己**。我不希望她依賴我，那會讓她失去自由自主的生活。所以，沒有人真正「需要」另一半，充其量只是「利用」或「濫用」。

那麼蕾哈娜飾演的占上風的一方又如何反應？「那就証明你有多愛我吧！」這無非也是癡人說夢。為什麼你的快樂得建立在別人的付出上？**要求別人証明愛，是一種自卑的表象**。充斥在好萊塢電影及小說裡的浪漫台詞，都是膚淺貪婪的情感陷阱，人們容易聽信甜言蜜語，它卻經不起現實考驗。

一段關係裡究竟有多少的愛，無需言語表達。處在愛情中的兩人將變得更堅強或更脆弱？還是只有一方會變得堅強？這段關係能繼續發展或停滯不前？因為兩人都能正視對方的信息，所以處事上更為圓融？或者相反，讓彼此遍體鱗傷？

蕾哈娜最終甩開了愛人。這單純出於本能的行為，是一股愛自己的力量。離別使她陷入痛苦深淵，因為她愛過他——或許該說——她曾在他身上感覺到自以為的愛。

重視我！

二〇一三年初，新聞媒體以頭條打擊德國國防部長湯瑪斯・德麥奇耶（Thomas de Maizière）：「聯邦國防軍聯合會砲轟德麥奇耶」、「德麥奇耶令國防部隊大失所望」、「德麥奇耶讓國軍士氣低落不振」、「國防部隊對德麥奇耶怨聲載道」。除了媒體，連政治同袍也不分黨派地表達不滿，譴責他沒有力挺國家軍隊。他過去是德國民調中最受歡迎的政治人物之一。新聞過後，德國全體民眾對他的好感度頓時一落千丈。多數人都認為德麥奇耶「活該」。他究竟犯下什麼滔天大錯呢？

壓垮他的最後一根稻草就是《法蘭克福匯報》的一次訪談。他呼籲國軍：「不要再貪得無厭地尋求國家的認同！」接著，他指責「某些軍人」想受到國家重視的訴求「太不切實際」，甚至是種「成癮」現象。

這是何等侮辱！大部分被新聞頭條影響的民眾都認為，「國軍本來就有要求國家重視的權利！國防部長不僅拒絕重視，甚至出言批評。身為國軍最高指揮官，他竟然剝奪了國軍的尊嚴。今後國軍的紀律還能由誰維持？」

我不確定德麥奇耶是否知道，他這番言論到底激怒了誰。但我認為他有顆聰明的腦袋，才會意識到民眾對此話題的敏感。

每當出現這類言論風暴，引發民眾瘋狂討論時，總會出現值得注意的「投射心理」。牽涉的範圍越廣，引發的聲浪就越多——與眾人息息相關的才能締造話題，如同德語俗諺所說的：「被攻擊的狗才會叫。」問題是，對那些反應激動的民眾來說，這場波瀾傳達出什麼和他們息息相關的訊息呢？當部長呼籲軍隊不要再貪求國家重視，為什麼會引發人民的不滿？因為這顯然是在傷口上灑鹽。

賦予價值的義務

教練沒有和被換下場的足球員擊掌、丈夫忘了結婚紀念日、主管沒注意

要求受到重視，並不是合法權利。

到下屬的努力，那又如何？這位教練也許稍後就會在休息室和足球員握手；這位丈夫也許重視妻子甚於紀念日；這位主管也許認為結果更重要。僅管如此，很多人會認為這是剝奪了一方的價值，因而義憤填膺，彷彿「受到重視」是合法權利。反過來說，「賦予認同並重視」便成了一項義務。這份義務若沒有被履行，不受認同的人就會感到自身被低估、被忽略、失去價值。他們是憑藉他人賞識來評斷自身的價值，如果沒有得到認同，自我感覺就不好，而那些不給予認同的人，理當負最大責任。

這種慣性依賴在社會上隨處可見，它揭露了現實與理想的差別。當現實的自我價值和理想的自我價值出現落差，就教人難以忍受。一旦事實被揭穿了，我們就會變得敏感而惱羞成怒，不去檢視內心為何受傷，反而遷怒到傳遞信息的人身上。

理想與現實的差距，從下面的例子可以看得更清楚。

假設我是那名足球員，我知道自己剛才踢了場好球，當我被換下場時，教練並未和我擊掌，那麼我會認為他可能正好在忙，心情也不受影響。既然我已努力使出看家本領，內心自然平靜，外界的反應不會損害我的價值。但是若我的自我要求極高，希望球踢得更好、不滿意剛才的表現的話，那麼教

貪求認同，是一種慣性依賴。

練的無視就會動搖我的自信心，我也會急忙尋求肯定：「教練！告訴大家我踢得其實不差，跟我擊掌，免得我沮喪！」

假如我是那位妻子，自我價值屹立不搖，我的婚姻關係就會很穩固，對於丈夫忘了紀念日的迷糊，只會一笑置之。我會主動向餐廳訂位、送他玫瑰花甚至飾品。然而一旦我的自我價值動搖了，對自己及現況都會不滿。丈夫忘了在特別的日子裡，花心思彌補我所缺少的自我價值，我當然無法接受。這時，我對丈夫訂下的潛規則就是「你應該賦予我價值」，「快拿出戒指——我需要一件物品來証明我的重要性」。

若員工清楚自己的能力及對公司的貢獻，他就不會因為沒有被稱讚而貶損自我價值。**專注於自己的影響力、持續追求進步的人，最終一定會被人注意**。他可以把尚未獲得的稱讚或認可當成指標，這說明他必須繼續努力，直到被發現。公司支付薪資並不是要買他的努力，而是要買他創造的價值、買他的具體貢獻——結果代表一切。在上司還沒肯定自己之前，他可以把這段時間視為「茁壯期」，並認知到上司相信他會在未來做出貢獻、符合期許。最後，正向回饋就會隨著優質的工作內容接踵而來，而他需要的只是時間與持續付出努力。

沒有獲得讚揚，並非被否定。

相反的，如果這名員工認為自己表現優異、無所不能，那麼理想與現實的差距就會讓他陷入痛苦，因為他並未得到符合期望的回饋。他沒有想過要改進，做出讓人眼睛為之一亮的成績，得到他要的結果及影響力。他只是要求被認可：「我是個好員工，你應該稱讚我，給我我想要的價值。」

這和國防部長德麥奇耶責備德國國軍的情況如出一轍。他說：「想獲得國家的認同，並不是大聲要求就會有，你們必須先有作為。」他說得一針見血，這一點可以從憤慨的輿論中獲得証實。

德麥奇耶在訪談中提到，過去幾年來，民眾對於國軍的好感度普遍提升，投身德國聯盟國防軍甚至成為最理想的工作選擇之一。國軍對工作感到驕傲，駐外行動也在社會上引發共鳴，民眾對軍方變得更為友善。「所以你們還想怎樣才滿足？」德麥奇耶質疑。

他說的沒錯——這些國軍弟兄們到底還想怎麼樣？

被告席的世界

如果為了「成為英雄」而從軍，每天卻無法受到英雄式的歡呼，那麼理

肯定是隨著良好的工作表現而來，
不是要求就會有。

想便難以維持。軍中生活和其他工作沒兩樣，不壯烈也不起眼，單調枯燥又費力，可能連所謂公平待遇都得不到，遑論英雄待遇。

如果不改變自己的認知，就會把責任推給他人：軍中同袍難以共事、長官也不懂肯定。此時，若有人說出這名軍人不願面對的事實：「從軍雖然是個理想，但稱不上是英雄」，他該惱羞成怒、反唇相譏嗎？

*

有次我受邀參加脫口秀節目，內容談到德軍奉派駐紮國外時的慘痛經歷。當天在場的有德國導演文．溫德斯（Wim Wenders），還有一名在阿富汗受傷的退役軍人；德軍曾在阿富汗軍事基地遭到自殺炸彈攻擊，他就是當時的目擊者兼倖存者。他說：「當時有一台裝載炸彈的汽車，從後面衝撞德軍大型軍用車，我人就坐在裡面。其他四位同袍弟兄在爆炸中罹難，我身負重傷，心中也有創傷。」

他的痛苦經驗成了整場脫口秀的焦點，他把那場可怕的攻擊講得鉅細靡遺，牽動了在場所有人。我很高興他能夠公開講述這一切，喚醒民眾去紀念那些駐紮阿富汗的德軍，並認識到國軍為人民冒著生命的危險。節目結束後，我們三個人還坐在攝影棚內聊天。軍人的神情鬱悶，尤其談到國家如何對待他時，不免嚴詞撻伐，炮火連連。我宛如置身法庭旁聽著訴訟，軍人自認為是受害者，控訴著國家加害的罪孽。

我實在無法再保持沉默，語帶嚴肅地打斷他：「你知道嗎？我想送你一句話。」

他們兩個人都看著我。

「我衷心祝福你，在經歷過這段痛苦後，總有一天你能夠原諒你自己。」四周空氣突然凝結，文．溫德斯導演看了我一眼，再看看那名軍人，轉頭又看我一眼，最後，他用同情眼神告訴軍人：「他說的沒錯。」

軍人沒再說話，在僅剩幾小時的夜晚，他陷入沉思。

經歷過如此重大的創傷事件，很難原諒自己。我因為冒著生命危險跳水而發生終生癱瘓的意外，即使是我自己也必須先原諒自己。天曉得這件事有多難！長久以來我不斷困擾著：「為什麼我要這樣對自己？」我必須意識到自己的責任，不再抑鬱並學習承擔。此外，我也必須看清事實，學著對現況心存感激，感激我還能學習，而不是只能自責自憐。唯有如此我才能恢復平

希望有一天你能原諒自己。

靜。

這名軍人的經歷令我感到熟悉。我經常出國、將生命置於危險中，最後我也付出了代價。他既決定從軍，相信也明白代價，只是這代價太過高昂，而他還沒準備好。如果預知結局，也許他一輩子都不會從軍；如果知道軍人身分代表的意義，也許他就不會對國家充滿怨言。

這件事，讓我聯想到奧利佛・史東（Oliver Stone）執導、奪得兩座奧斯卡獎的電影《七月四日誕生》。湯姆・克魯斯（Tom Cruise）在片中飾演越戰退役軍人，他因戰爭而成為殘疾，身心受創，於是把自己投射成被害者，窮其一生都在譴責促成這場戰爭的人。然而，誰該為這場悲劇負責？隨著電影的進行，他心中的疑問逐漸轉變為：「我為什麼要這麼做？」他在憤世情緒中慢慢意識到，其實他厭惡的是自己，同時開始體會到自己有責任。此後，他以行動救贖內心，寫下人生新頁，藉由積極投入和平運動，為自身經驗賦予意義。

能夠原諒這個世界之前，必須先學會原諒自己。

直到今天我才明白，我們很容易把自己投射成「英雄」。我在聯盟國防軍服役過，準確地說是傘兵部隊，並成為後備軍官。我曾受突擊手及狙擊手

在原諒這個世界之前，
必須先原諒自己。

的訓練，隸屬精英部隊。對我來說那是場英勇的冒險：我能使用先鋭武器射擊、受訓成為戰鬥機器，充滿男子氣慨。我的表現很傑出，經常得到勳章。即便如此，當時我並未意識到軍人「真的」是殺人機器，上戰場可不是兒戲，訓練是為突發狀況而準備，我負有保衛國家的責任。退伍四年後，我才驚覺自己的重要使命。

這使我發現，人的外在認知與內在動機，差距有多遠。

因此我無法譴責聯邦國防軍，但我也不再懷念軍中經歷——體能挑戰、冒險、同袍之情。不過，只要想到自己年輕時的膚淺，我就覺得莞爾，我對自己、對世界的了解，真有如井底之蛙。

現在我常自問：「我有什麼想法是帶著侷限？十年後，我會怎麼看待今天？屆時我又會恍然明白並驚覺自己的無知嗎？然後等下個十年過去，再重新整理這張頓悟清單？」這使我的判斷更加謹慎。

我非常理解那位軍人需要被認同及賞識的心情。可是譴責無法填補內心空虛，只有痛定思痛，承認現實，才有轉機。誠實面對自己是一股強大的力量，它讓你不致陷入痛苦的深淵，阻止你原地踏步，此外，還能**改變你的態度，不再藉由別人來肯定自己。然後你才能把心思擺在自己身上，專注追求**

誠實面對自己，
就能避免陷入痛苦或原地踏步。

目標；你也可以把正向影響帶入別人的生活，找到自己的定位。

這麼一來，無論發生什麼事件，都不會影響你的自我價值。你也不必再等待人填補空虛，因為你已經找到自己的定位。

滅他人志氣

我的太太決定離開前夫時，她的父母很震驚。他們保守的認為，夫妻應該試圖挽救觸礁的婚姻，選擇離婚無異於讓人生失敗收場。加上她們有個一歲半的兒子，離婚實在沒道理。她與前夫分居了幾個星期之後就認識了我，我們日久生情。對此，外人不免議論紛紛：「這麼快？怎麼不先試著修復婚姻？」再不就是：「她的新歡根本就是『錯的人』，他坐著輪椅啊！她到底是怎麼想的？」

不用說，把我介紹給她的父母也絕非易事。但是我與她家庭毫無關係，只是以外人之姿出現在他們面前，我也沒有資格要求她父母的認可或重視。

我們第一次去拜訪她父母。開車門時，她說：「你還是待在車上好了。」

說來奇怪，當時我還不了解她的家庭問題，倒已成不速之客。這事非同小可，但我感覺得出來她的語氣裡帶著認真。

如果我本來就自卑，那麼她當晚說的話就會變成一記重拳，是忽略及貶低我的証據；說不定會演變成交往的負擔；也說不定我衝動之下，就把傷痛加倍奉還給她的家人。

但我並沒有這麼做，我選擇相信我自己，試著去理解她及她父母的心情。我留在車上思考：「她的舉動背後出自何種善意？她的家人又會怎麼拒絕我這位『不速之客』？」

你一定也注意到了——問一些能釐清事實的問題是很有幫助的。這個舉動或多或少也在那時拉了我一把，但我也同時感到難過，不知如何是好。

不過，事實無可改變。而我能做的就是：閉上嘴巴、忍耐、學習成長。這三個步驟時常派上用場，那時我也相信事情會有轉機。

結果如我所料，現在我和岳父母的關係好的不得了，他們在各方面都很欣賞我。同時，在他們心目中，我就是那個「對的人」，堅持走自己的路，他們非常高興且放心，知道我會好好珍惜他們的女兒。

當時的我也可以責怪岳父母，藉此彌補受傷的心靈。或許更糟的情況是，試著把她拉到我這裡來，讓她和家人撕破臉。這種情形讓很多家庭痛苦

閉上嘴巴、忍耐、學習成長。

不堪，自己受的傷，總要藉由傷害別人才能取得平衡。聽起來好像很符合人性，卻顯得十分可悲、心靈十分空虛。如果我們選擇了這條路，早晚必須為此付出代價，那個代價的名字就是：戰爭！

我也發現，社會對於優秀的人帶有敵意。起初，他們備受推崇而被捧上天，一旦事實証明他們也有凡人的弱點，他們就會從天上重重摔落，或被趕盡殺絕。

為什麼這些人會受到敵意的對待呢？因為這會給那些抨擊者帶來優越感，感覺自己「身價暴漲」；但這種幻覺很快就會消失，所以他們得不斷尋覓獵物，一波波的輿論風暴因而接踵而至。

這正好可以解釋媒體與網路對某個人的憤怒與抨擊現象。例如烏理．漢尼斯（Uli Hoeneß）[2] 逃漏稅的代價便是牢獄之災，但他的生平事蹟及貢獻，卻因此被人淡忘。類似情形也發生在海爾穆．柯爾（Helmut Kohl）[3] 身上。他的政治獻金醜聞案引發眾怒，對大部分的人來說，這件事所代表的意義，比他窮其一生帶給德國的貢獻還要大。麥可．傑克森（Michael Jackson）的例子就更極端了。這位二十世紀最偉大的藝術家，為音樂、舞蹈及 MV 帶來革命性的創新，成就非凡，但卻被小報媒體塑造成充滿獸性的瘋子。他的頻頻整型及私生活成了媒體攻擊的重點，這對他並不公平。創立蘋果電腦的史蒂夫・賈柏斯（Steve Jobs）也經歷過類似的情況。他被形容成斤斤計較、霸道易怒的老闆，像個精神病患一樣對待他的員工，這和事實相差十萬八千里，就像媒體認為他的成就和普通企業家沒兩樣，實在有失公允。

為什麼社會上有那麼多人，特別是媒體，會這麼不尊重這些知名人士呢？答案是，批評他們能讓人感到優越。如果這些名人的成就使人望塵莫及，至少在道德層面上他們不如人。這足以說明「評論者說話比創作者大聲」的現象，然而，這麼做將會扼殺創造力、創意及創業精神。

身為德國人，我不得不對德國人深諳的「批評文化」表示嘆惋。批評文

2 烏理・漢尼斯（Uli Hoeneß）是前德國國家足球隊隊員，退休後進入拜仁慕尼黑足球俱樂部擔任經理，二〇一三年，他在擔任拜仁慕尼黑足球俱樂部理事會主席期間，爆出逃漏稅醜聞，於次年被判刑三年六個月，並主動辭去理事會主席一職。

3 海爾穆・柯爾（Helmut Kohl）於一九八二年至一九九八年任德國總理，他也是東西德在一九九〇年統一後的首任總理。一九九八年，他領導的政黨（CDU）慘敗，他也黯然下台，晚年更身陷政治獻金醜聞案。

4 因為深怕一做錯事就會被批評，因而不敢嘗試。

評論者說話總是比創作者大聲。

化讓德國的創業風氣不如美國盛行[4]，但這並不表示美國樣樣都好。在我看來，美國社會上當然也有缺陷，只不過，沒有人想在努力嘗試創新、飽受挫折之餘，還得額外受到過分的抨擊。這種代價，顯然絕大部分的人都不想付。

人的一生之中難免都有起伏，出類拔萃的人，經歷起伏的次數更是頻繁。不過，為什麼人們那麼喜歡在別人的傷口上撒鹽呢？對此，美國前第一夫人愛蓮娜．羅斯福（Eleanor Roosevelt）一語中的：「**第一等人討論想法，第二等人討論事件，而第三等人則忙著蜚短流長。**」

我們應該學習與優秀的人和平共處，不需要崇拜他們，也不必詆毀他們，不必為了讓自己心裡好受，就把他們罵得體無完膚。比如我讀了賈柏斯自傳，在這位偉大的企業領導人身上學到很多，我根本不算是他的粉絲，但我把他當作榜樣，學習那些適合我的優點。**每個大人物都有長處，只要懷著敬意和單純的心態去看待他們就好。**我把這樣的行為稱為「採櫻桃」（Rosinenpicken）——選擇對自己有益處的。遇到每個值得學習的對象，我都這麼做，甚至花上整整一年的時間，來研究值得學習的榜樣。世界上有這麼好的模範，令我感恩。目前我在研究指揮家卡拉揚（Herbert von

Karajan），在他身上我也能採到很多「櫻桃」。順帶一提：賈柏斯的繼任者提姆．庫克（Tim Cook）上任時，發表了一篇智慧的演說：「我很喜歡博物館，但我可不想住在任何一間博物館裡。」我總是打趣地說，我和賈柏斯有個共同點：我們都喜歡把車子停在殘障專用停車格裡。

想要受到賞識，就必須先停止強迫他人欣賞你，無論是親朋好友或職場上都是如此。一旦自我價值的認知出現問題，外界的賞識，永遠只是暫時性的滿足，不管是誰給的都一樣。獲得讚賞之初，心情通常很雀躍，但這種感受解決不了問題，問題仍然深植在內心。只有自己能幫助自己解決。

我們可以先從認識「鏡子裡的那個人」開始，窺探心底的祕密。我能賦予自己何種價值？與其問自己「我想要什麼？」不如問「我在何處可以發揮專長？適合我的位置在哪裡？」

關於自我價值，愛蓮娜．羅斯福也有一番見解：「**沒有人可以讓你自卑，除非你自己先同意了。**」我認同她說的。我想從每個楷模身上學習，進而成長、認同自己、再學習、再成長。我無需把他們當作神一樣膜拜，或是將他們捧上天。不知不覺間，我自然能得到他人賞識，無須費心爭取。當我內心平靜時，也才能肯定別人、對別人表達我的賞識之情。

想要受到賞識，
得先停止強迫他人欣賞你。

讓我維持良好形象！

我邀請了一對夫婦到家裡做客，晚宴就像常見的那般，我太太煮了一頓美味可口的晚餐，開了瓶好酒。餐後，我們邀客人到溫室[5]裡品酒。那是個舒適的夜晚，音樂在空中流洩，與客人圍坐聊天。

這位男客人很親切，他有點緊張，聲量時而提高，語氣中帶著友善。說到興高采烈之處，他的手不停在空中比劃，我們也專注地聽著。他談到職場上的成功經歷，他如何不顧老闆反對，收拾客戶留下的爛攤子，儘管沒人相信他會成功，他卻証明他辦到了。

這個故事很耳熟，如果不是他以前說過，就是我聽過雷同的版本。結論不外乎是「那些『在上頭的人』啥也不懂」，或是「我知道自己在做什麼，大家應該『偶爾聽聽我的意見』。」

我太太在一旁補添酒、水、零食，我繼續陪客人聊天、聽音樂、回味剛才的佳餚，我很享受這一切。那位男客人不急不徐講述著經歷時，他老婆皺了皺眉，偷偷瞄了我們一眼。

我注意到她的反應，不動聲色地觀察她。她先是看向窗外、整理衣服、抓了把花生，然後不耐煩地看著她老公，接著往沙發椅背躺，呼氣聲大到聽得見。也許她已經聽過幾百遍了，她的種種行為只傳遞出一種訊息：覺得無聊。

最後她終於受不了，出言打斷他：「別再講這些無聊的話了好不好？你非得在大家面前，把這些事拿出來說嘴嗎？」

從那一刻起，晚宴的氣氛陷入尷尬。

---

5 溫室（Wintergarten）是德國房屋設計裡專屬的一種格局，四面落地窗玻璃，有暖氣，可在嚴寒的冬季種植花草、宴客。

生存的啟動機制

上述的情景，你一定不陌生，類似的故事百百款。這些情景看似無傷大雅，卻極具破壞力。有趣的是說話者的動機，為什麼陳年往事他要一講再講？為什麼非得如此鉅細靡遺？他的妻子不惜讓現場變得尷尬也要阻止他，目的何在？

答案是：為了在別人面前維持好形象。

這個動機如同致命病毒，存在於人際關係之間。

丈夫說得口沫橫飛的事蹟，她早已不感興趣，所以開始把目標轉向在場的人。接著她判斷我們也不感興趣，認為我們覺得她老公很無聊。他是在尋求認同，而且希望別人對他產生好印象，但這跟她的想法大相逕庭，她也想留下好印象，因此心中ＯＳ：「你也要讓我在別人前面留下好形象，別只顧自己！」

這裡出現一個問題。她的老公正忙著建立好形象，完全沒有注意到她。他光講自己的豐功偉業，也許是希望加深印象。因為能跟上司對抗成功的人，肯定不是什麼小角色，而是值得花時間認識的人。

想在別人面前維持好形象，
這種想法就是扼殺關係的病毒。

他老婆則敏銳地察覺到，重提當年勇不僅沒意義，而且容易被識破。她擔心老公神經太大條，最後會讓她丟臉，別人說不定覺得他愛吹牛，因此她試著挽救自己的形象，最簡單的做法就是陷別人於不義。結果，她犧牲了他的形象，讓他顏面盡失。或許她沒有意識到自己有意的行為，但這麼做仍讓他身陷困境。如果他剛才已在眾人面前留下壞形象，此時她的形象就會大大提升：雖然她老公愛吹牛，但她這個人挺不錯的。

這麼做真的能給人留下好印象嗎？為此破壞關係，值得嗎？我想像著他倆開車回家時的氣氛。這個夜晚對他們的婚姻將帶來負擔，他們必定會相互指責，這是人人都知道的惡夢：沒有勇氣面對自己，卻把缺點投射在對方身上。沒有照料好自己心中的傷，卻用尖銳的話語刺痛對方。想要維持良好形象的心態，對一段關係來說充滿毒害，而這種病毒會在家庭中蔓延，就像中世紀的瘟疫一樣。

想維持良好形象的人，總是會拖累家庭。夫妻或家人之間會形成一股巨大、有時甚至無法承擔的形象包袱，逼得全家人一起演出。

大學時期，我有個好朋友開始經營服飾和運動品牌，我們都覺得他超酷，講話超有自信、常和名人往來、常常出差，他很難不給人深刻的印象。

想維持良好形象的人，
常常會拖累整個家庭。

他顯然也樂意頂著年輕創業家的光環到處跑。直到某天，我發現他的生意根本不賺錢，為了顧及形象，還向女朋友借了一萬五千馬克。生意雖然慘淡，但不能不繼續撐著，好讓他維持光鮮體面的形象。他犯了目光短淺的錯誤，不過這裡的重點其實是，他禁止女友向別人提及這段借貸關係，無論如何他都想維持既有形象。

無論要付多大代價，她都得保守祕密。一旦有人發現真相，他的面子就丟大了。偏偏紙包不住火：他的女友含淚向我訴說一切，釋放長久以來的壓力。我對他的印象因此變差了，並非因為他經營失敗，而是他肆無忌憚的利用女友來維持形象，讓被迫隱藏真相的女友過得不舒坦。

他到底在想什麼呢？為了得到重要的東西，逼得別人替他說謊。「如果你愛我，就讓我保持好形象！」他把任務加諸在女友身上，無論她是否想履行。這種強迫別人的行為，是一種精神虐待。

小孩子也常常受到這種對待，而面對操控遊戲，他們更無能力抗拒。有位母親帶著女兒到麵包店，今天每個小孩子都能免費獲得一支棉花糖（為了讓父母對店裡留下好印象）。店員遞了一支粉紅棉花糖，送給櫃台前的女孩，但不喜歡棉花糖的女孩卻露出扭曲抗拒的表情。此時，不想破壞人前形象的母親推了推女兒，見她沒有反應，就大聲斥責：「不可以沒禮貌！人家給你禮物，妳要說什麼？」

當父母扳起臉來，孩子就會配合要求：吃下令他們覺得噁心的食物、向人道謝。但小孩因此學到了什麼？——在別人面前維持良好形象，比傾聽自己內心的聲音更重要；寧可從眾，也不能堅持己見。

日後，當孩子進入青春期，就會開始培養自己的形象。十三、四歲雄性激素大爆發的年輕男孩們，將會驚訝地發現女孩們愈變愈漂亮。賀爾蒙迫使他們去獲得別人的注意力，因為不受關注的人，就沒有談戀愛的機會。接著，他們會開始選擇想扮演的角色：一個想要當混混、一個走搞笑路線、一個走運動風、一個想當文青。青少年卯足了全力，原因只有一個：吸引異性注意。這麼做的確有效，可說是驅動人類文明前進的動力之一，生來就存在我們的基因裡。

再過幾年，搖身一變成為年輕男子的他們，也會為了相同目的參加社交活動。這也沒什麼好隱瞞的。年輕男子在賀爾蒙的強大作用下，滿心只想將種子散播在全世界，越多越好。這是初為成年男子才懂的壓力，也是所有成年男子終其一生的壓力，人類就是這樣才得以延續的。（但願隨著年紀增長，他們能學會轉移這股活力。我遇過都五十好幾的人了，還不懂得排解這個問題……）

人在社交活動中，面臨巨大的競爭，只有所謂的「佼佼者」才有資格盡情享樂，至於其他人呢？他們在道德上受審判，不被允許做某些事。這也許是我們見不得「人生勝利組」過得好的原因。

如果不想在這場遊戲中成為輸家，應該怎麼辦？方法非常簡單：行銷。把自己包裝得很有吸引力，或者加油添醋，讓自己的故事變得完美，重點就是要讓自己看起來極具自主性、很酷、成功且聰明，因為人要變得自主、酷、成功且聰明，實在需要花太多時間了。

就連女孩子也沒有閒著，她們展現出最美的一面。目標就是從男生身上獲得最多的關注，而他最好是個佼佼者——他們的下一代才會有最好的基因，生活如魚得水。為了達到目的，女孩們開始互相較勁，無論說什麼、想什麼，只要能認識最優秀的男孩子，她們願意不擇手段。不少年輕女孩已做好隆胸或整型手術的準備，為的只是讓自己的外表更符合期許，好讓吸引力最大化，而且維持得越久越好，這股壓力在今日幾乎困擾著每一個女人。畫家海利希・齊勒（Heinrich Zille）說到重點：「女人若是凋謝，男人就跟著

佼佼者盡情享樂，
魯蛇們面臨道德審判。

失去香氣。」

你覺得他形容得貼切嗎？解放運動之後，女性不一定要靠外表才能出頭天，僅管如此，讓人吃驚的是，這種天生的慾望本能，仍然主導著人類絕大部分的行為。

獲得五項奧斯卡獎殊榮的電影《美國心，玫瑰情》從另一個角度敘述人類的慾望：一個身陷中年危機的父親，女兒正值青春期，長得並不起眼，但她的同學兼好友卻長得十分美麗，她們為什麼會變成閨蜜呢？他的女兒感受到好友光芒四射的庇蔭，也希望變得更有吸引力。至於她的好友呢？她故意利用反差，站在這個平庸女孩的身邊，讓自己美貌更顯出眾，將外表的優勢發揮到極致。

這是個危險的遊戲。這名父親覬覦女兒同學的美色，而美麗的女孩為了維持完美形象，儘管害怕，竟然還是答應與這個老色鬼上床。還好最後她並沒有這麼做，觀眾也鬆了一口氣。最後，所有人都發現了她的真面目。現實生活中，有多少類似的事件是以不同結果收場的呢？

對某些人來說，極力在他人面前維持好形象的壓力，大到讓人無法想像，甚至可說是生活原動力之一。我用這麼不浪漫的方式切入重點，並不是

「展現自己」這種天生的慾望本能，
仍然主導著人類絕大部分的行為。

在諷刺，而是實話實說。人類和其他哺乳類生物一樣，為了存活及繁衍下一代而發展出特定求愛行為，包括翹起尾巴吸引異性注意。就像所有生物一樣，人類也爭奪著排名及權力。某些生物會捶打胸部或咆哮，人類則是會編故事，誇大真相，彷彿親身經歷。

上述重點已經揭示出解決的方法。顯露身上優點是每個人的天性，無須被要求。只要坦然面對自己和現實面，這並不是壞事。

唯有一點無法原諒：利用他人，使人承受痛苦，只為了讓自己在別人面前維持良好形象。

誠實面對自己，才能贏得最高獎賞。

我認識一位千萬富翁，他在德國南部買了一座莊園，打算在那裡度過餘生。他不惜斥資修整這座莊園。其實稍微修一下就很好了，他竟然大費周章。完工後，他搬進莊園，但不久後開始覺得無聊，其他坐擁莊園的富翁們感受跟他差不多。他們當中有某些人早上固定在酒吧碰面，喝茴香酒，閒話當年。這些故事迅速在富豪圈裡傳開，大家聽久也就膩了。他們沒有人願意承認奢華的生活其實很乏味，因為某種程度上，他們追求的就是炫耀別墅、金錶、女友、汽車、豐功偉業。如果他們砸了好幾百萬買下的莊園不再有趣，那麼

想保持良好形象本是天經地義，
只要你大方坦承。

這些錢的價值在哪裡？三分鐘熱度是再愚蠢不過的行為了。

不過我認識的這位富豪和其他人不同。他坦承，在他奢華的退休生活中，最美好的經驗是認識新朋友，帶他們參觀莊園及酒窖，介紹當地的過去，展現個人魅力。他只是需要有人聽他說說話、欽佩他。換句話說：讓他繼續展現良好形象。

他意識到那股鼓舞的力量，而他也坦白承認。改變的契機在此時產生，他開始思考如何達成目標。他喜歡也很擅長說故事，只欠對他感興趣、欽佩他、願意聽他分享經驗的聽眾。於是他設法把這種人吸引到到莊園來。

而他的方法是出租高級汽車！他擴充了車輛的陣容，買下一系列法拉利、賓利及保時捷，讓租客有更好的選擇，此外，也和德國的豪華旅遊業者合作。他和旅客很容易就開啟話匣子，他邀請他們到莊園享用餐點，向他們展示車隊、帶他們去參觀怡人的風景，就這樣，他和人群重新又有了連繫，還能名正言順地講述精彩的往事，他辦到了。

他想展現良好形象的動機，其實無可厚非。但他有建設性的看待自己的需要，展現出成熟的做法，更值得我們尊敬。

願意誠實面對自己的人，隨著時間的積累，就能夠向外界展示真正的自

你可以按照自己的能力所及，
誠實面對自己，這就是自由。

己。每個人都能按著能力所及，誠實面對自己，事實上這就是自由。**愈能夠展現出自己真實面的人，愈有機會保持良好形象，也愈能使身心靈達到契合，體會何謂幸福快樂。**

那對受邀到我們家作客的夫妻，就是要這麼做才能避免吵架。試想，如果他們夫婦倆坦然面對現實，事情會怎麼演變呢？「我老公想給他們留下好印象，我又何嘗不是。方法不同，動機相同。就讓他盡情說完他的故事吧！畢竟主人也聽得津津有味。如果待會說得太過頭，我再設法換話題，好讓每個人都能開口。」假如這位男客人也能察覺到：「我想在人前展露光芒，所以才把成功經驗拿來說，讓他們聽聽精彩有趣的故事。」——諸如此類的反思，那麼他的問題就能解決，也能避免窘境。

如果男子察覺到自己有需要被滿足的虛榮心，而他的妻子也坦然面對自己，他們就不會衝動的攻擊對方。人不都是想從別人那裡獲得一點肯定嗎？辦場愉快的派對，獲得賓客的讚揚，難道不是基於相同心理？事關認同，天經地義。想要獲得認同，表示自己正在設法滿足自己的需求，這跟什麼也不做，光是要求別人重視自己，或者批評別人以換來優越感的做法，並不一樣。

虛榮和吹噓不是表現自我的唯一形式。特別謙虛、自嘲，特別愛好社交

虛榮和吹噓並非表現自我的唯一形式。

活動，也可能是替自己維持良好形象的策略，端看他身處的社群認同哪種價值。有的社群認同搭乘公共交通工具、做好垃圾分類、共乘汽車節省能源，有的社群認同吃純素。但即便如此，虛榮心還是存在。

我那位大學時期的朋友也可以選擇更聰明的面對自己。「哎，生意實在爛透了，我得另謀出路。與其繼續自我陶醉，我得專注獲利，這比掌聲更實際。所以我決定再投資一萬五千馬克，相信我可以讓它起死回生。」這種思考模式，不但可以幫助他自省，而且也能正視現實，生意說不定能轉虧為盈。這會是比較「聰明」的辦法。更何況也不需要女友幫他圓謊。

所以，請面對現實——以對自己毫不留情的方式。如果事情進行得不如預期，那就把事實說出來。

我遇見這方面的專家之後，才瞭解到這個道理。他是我的兒時玩伴，幾年前遭遇了嚴重車禍，頭部側邊頭骨受重擊，導致腦部功能幾乎無法運作。他還活著，可說是個奇蹟。他的創傷當然有後遺症，譬如個性轉變。在恢復健康後，他變得非常易怒。

他一度住在波登湖復健中心，為將來出院後的生活做準備。有一位復健師教他不可欺瞞他人。出院之後，不管遇到什麼人都要誠實，每一個人！現

如果事情進行得不如預期，
那就把事實說出來吧！

在他是一家成功企業的領袖，多麼令人欽佩。

從那時候起，他每認識一位新朋友，就會單刀直入、毫不掩飾地主動告訴對方，他的腦部曾經遭遇過的意外與後果。他對我也是如此，因此我感到印象深刻。

這次經驗，讓我開始反省自己的溝通模式。例如我在大企業裡舉行領袖講座時，都會受到友善歡迎，常有人對我說：「久仰大名。」

雖然這句話很動聽，不過我不能因此被沖昏頭，而忘了原本合作的目的。我的工作主要是改善公司整體利益，訓練員工反思，以增強他們的能力。**員工的能力一旦變強，企業就會有強勢表現，因而更為壯大，這是企業成功的三大要訣**。不過，在我設法訓練他們的過程中，常會有許多說好聽話的人出現。

這種人的想法是：「我已經讚美你、恭維你了，你就別找我麻煩吧？讓我可以按照我自己的方式工作。」

意識到對方正在恭維，而不輕易信以為真，這是一回事。而察覺他人的話術，使其卸下心防，也是很重要的能力。如果對方了解到你對那些美言並不陌生，也能逐一識破，他就會開始信任你。反之，當你沉浸於言詞當中，

要信任別人，就要敞開心胸。

就會被人牽著鼻子走。要信任別人，就要敞開心胸。**一旦對奉承信以為真，它們就變成你的阻礙，這是很少人能駕馭得了的企業領導法則，但其實既簡單又明瞭**。反觀許多「不成熟」的企業顧問，常將缺點投射到委託的業主身上，怪他們推諉責任，其實，這是看不見自己的問題。不難想像這種思考模式的顧問，會將企業帶往何處。

此外，還有一種「花言巧語」的迷惑也必須分辨。「葛倫德先生，我們很高興您撥冗蒞臨！」現在我會這麼回答：「我是專業服務供應商，您購買我的服務，是希望有特定的收穫，我很樂意來到這裡。您有您的目的，所以才選擇了我，不然我也不會出現在這裡。」這段話的效果令我詫異。只要突破恭維模式，直接說出事實，那麼對方也會接受事實，這對雙方都是解脫，也會提升關係品質。

誠實通常可以讓人卸下心防。如果有人坦承他利用別人替自己賺錢，我會欣然接受。**誠實的態度可以讓人產生強大的動機，為未來努力**。畢竟，沒有人不愛金錢。我所不能接受的是，有些人表現得像是為別人好，事實上卻追著金錢跑，像是永不饜足的惡魔。我們在這段故事裡找不到救贖之道，因為欺騙自己的人不願意成長，只是想證明自己沒有錯。他們心靈已萎縮，臨

欺騙自己的人不願意成長，
他只想證明自己是對的。

終時臉上依然寫著：「我沒有錯。」

正面形象、負面形象

（首先）對自己誠實，（其次）對別人誠實，這會讓事情變得更簡單。不過，這絕不是件容易的事，而且也並非人人樂見，對我來說也是如此。為了更有說服力，我要向各位坦誠：「我坐著輪椅（弱勢表象）」，但是「我開的跑車跟房子一樣貴（優勢表象）」。多虧有位置絕佳的殘障人士專用停車格，我才能把車停在飯店正前方或公司大門口。

我經常看到當人們發現殘障人士專用停車格裡，停了一台名貴跑車時的驚訝表情。他們浮現的第一個想法是：「這是哪個暴發戶幹的好事！未經允許就把車子停在殘障人士專用停車格裡。」下一秒看見我上了車，他們的想法轉變為：「這是典型殘障人士會做的事啊！用一輛名貴跑車來彌補內心的自卑。」

你說，我該怎麼反應呢？

假如我說：「我不需要跑車來彌補什麼。」人們會認為我口是心非。所以，我倒不如這麼回答吧？「我的老二很小，所以需要一台高級跑車來充當義肢。」

不管我說什麼，我都是輸家。低調、做作的謙虛，只是另一種維持形象的方式而已。

那些以為理解我心理的人，其實並非真的同理我，而是為了同理他自己。他將揮舞著道德的旗幟，當成對自己的補償，有些人稱之為：嫉妒。

我心知肚明。我買了夢想中的跑車，原因何在？因為我買得起。我下定決心，不再擔心別人的眼光而隱藏自己的想望，包括我的能力及成就。以前為了讓別人留下好印象，我也曾經選擇隱藏。

我知道這輛跑車，對於拿自己與我比較的人來說，是一大打擊。當初靠失業救濟金度日、坐在輪椅上的重度殘障者，今天竟然比他們成功。但是這不是我的錯，這只是事實。

比較有兩種：正面與負面。

擁有正面比較心態的人，不會去嫉妒別人的成功，還會替他高興。如果

負面的比較心態，帶來不快樂。

他願意，甚至還可以從中獲得靈感，激勵自己。反觀帶著負面比較心態的人，通常認為上天對他不公平，他無法認可別人的成功，最糟的是他會感到嫉妒。負面的比較心態會帶來不快樂，而正面的比較則帶來快樂。你怎麼知道自己的比較屬於哪一種呢？正面比較帶來靈感，負面比較使人挫敗。負面比較還會讓人專注自身缺陷，並逐漸放棄自己。

最難的是**觀察自己的思考模式，唯有如此你才會知道，你在什麼時候出現負面比較心態，甚至心生嫉妒**。你應該將負面比較心態，改為正面。

以我為例，我已學會不把招待會或會議裡出現的「高腳椅」放在心上。我必須時常出席這些場合，正面比較心態是：「我很高興見到在場的人士坐在高腳椅上，輕鬆地與彼此交談。」樓梯也是一例：「還好有人不必等電梯，走樓梯比較快。」

如果你讀了這一段，認為我愛吹噓，那麼你應該探究一下自己背後的動機……

如果你認為自己不是那種想要維持良好形象的人，那麼請你回想，為什麼你要在客人來訪之前，把家裡收拾得乾乾淨淨？當然為了讓對方留下舒適的好印象。現在你應該已經察覺：被人識破，雖然不算舒服，但也不失為是

被人識破雖然不舒服，
但也不失為是種解脫。

種解脫。

我知道我的身體狀況很難被人忽視。當我開車到加油站，拿著輪椅證，向加油站櫃檯揮手示意時，裡面的員工就明白我的意思：「請出來幫忙加油！」而當他站在那裡替我的油箱加油，另一位車主總是會觀察著我們。這位車主要付錢，就必須到櫃台等待這名員工。那位車主並不知道我待在車上的理由，很快他便勃然大怒，大聲斥責那位員工獨厚有錢人的行為。為了緩和事態，我會朝他揮揮我手上的輪椅證，而他的憤怒瞬間轉為驚愕，接著說一些將行為合理化的解釋作為緩和。不過，我從來沒遇過有人這麼說：「抱歉，我太先入為主了，以後我會先思考再下結論。」

我的殘疾是無法改變的事實，它並不是為了被隱瞞或遷就多數人才存在的。我曾經聽過一位演講者說：「葛倫德利用他的殘疾，讓自己在台上變得更具說服力。」——他所言不假，不止如此，我也有意識地利用了自己坐輪椅的事實，希望聽眾能在成長之路上獲得啟發。對我來說，這是恰如其分的做法。

絕大多數的道德譴責，都是為了讓他人認同自己，好讓自己有藉口能逃避檢視自己。當我拉下簾子，將真實面展現在大眾面前時，人們反而會不知

絕大多數的道德譴責，
都是為了讓他人認同自己。

所措。所以我不遮掩自己，並且大方告訴別人：「你們看，這就是我。想攻擊我就放馬過來！」

如果你也是這些道德譴責的箭靶，那麼你無需隱藏所有事實。你可以比烏理．漢尼斯或約格．卡賀曼（Jörg Kachelmann）[6] 做得更好，前提是，你必須誠實面對自己。這等於重新整理你的個人史。多數人的個人史都要追溯到家族史，而常見的家族狀況是：父親不甘於僅扮演好父親角色，他想從外界獲得更多肯定，而母親和小孩則必須幫助他，對外傳達他個人的理想形象；又或是母親不安於現狀；又或是父母雙方都沒有意識到這一點，而共同追隨著維持良好形象的大計。在這樣的家庭裡，小孩無法學會成長、進步，反而學會如何向外界展現良好的形象。

這種家庭，中了維持形象的毒。症狀輕微者：小孩交出的美術作業是媽媽幫他畫的，以便得到高分。這種扭曲的症狀在幾十年後可能還會延續：小孩長大了，薪水入不敷出，只能借更多的錢來用。

那些在房市或股市投資失利的人，有時會把家庭裡的「維持形象原則」運用在投資上。而不安於現狀，想要展現自己過得很不錯，彷彿更是一場全民運動。信貸、矽膠、租賃及抽脂，都可以實現這個願望。人們把世上最毒的神經毒針注射到額頭上，然後吃有機蔬菜。諸如此類的思考與行為模式，很多都是源自父母。

想要停止維持好形象的習性，你必須要認清自己是誰、身處何方。我建議你可以進行一項思考實驗：想像一下，你下班回家後發現，銀行裡的錢全沒了。——你懂了嗎？這就是現實！愛情、人際關係或健康都是如此。或者就像魯迪．阿稍爾（Rudi Assauer）[7]所說的：「當雪融了，就看得見狗屎在哪裡了。」

你想維持良好形象？可以。問題是要怎麼做，才能真正展現出你心目中理想的自己？你必須看清你的真面目、知道你的真正價值，接著才可以朝這方面去努力。請注意是在現實生活中努力，而不是只活在幻想裡。請持續讓真實世界裡的自己有所進步。如果你已完成真實的良好形象，何不乾脆就成為別人仿效的榜樣呢？

6約格．卡賀曼（Jörg Kachelmann）是德國知名主持人、作家、記者及企業家，二〇一〇年被控涉嫌強暴一名女性被捕，他前後花了六年時間與律師團隊証明自己的清白，但在此期間他已身敗名裂，他亦向德國兩大媒體請求巨額賠償。

7魯迪．阿稍爾（Rudi Assauer）：一九四四年出生，為德國前職業足球員，曾任球隊經理。

夢想和目標，既美好也重要，
只要你能面對現實。

夢想及目標，既美好也重要，只要你清楚自己離目標還有多遠。而夢想及願望存在的地方，也會出現誘惑及謊言。所以我還是一句老話：「變身成為鐵血的現實主義者吧！」只要面對現實，你就會真正解脫。

如果你無法漫步在雲端，那就實實在在地爬梯子！人們會因此賞識你，但對你而言，這可能已經無關緊要了，這就是自由的滋味！

夢想及願望存在的地方，
也會出現誘惑及謊言。

讓我為你感到驕傲！

親子關係尤其容易出現失敗危機。

所有的人際關係都有一道難題，就是「該如何公平對待每個人」。理由是每個人如此與眾不同。無法認識並瞭解自己的人，也很難認識及瞭解他人。即使很瞭解某個朋友，未必就能公平地對待他。所以在嘗試公平對待他人的這件事上，我們總是不斷面臨失敗。這種一而再的嘗試，就是所謂的「人際關係」。

對身為父母的你而言，這意味著：你對待子女時也可能不夠公平，就如同你的父母一樣。儘管這種說法可能令你不快，但是，親子關係也有失敗的危機。

如果你曾經指責父母犯下的錯，現在請你回想自己和子女（或者和伴侶、和姪子／姪女等）相處時，是否曾經犯過錯？也許你早就問過自己這個問題，那麼你應該知道：在維繫關係的過程中，必然會面臨失敗危機。

問題在於，你失敗了幾次？

當你盡量減少失敗次數時，就能成功經營一段關係。因此，我和孩子相處的時候會盡量做到「不要失敗」。

此外，如果你希望孩子的表現能讓你自豪，無論你有沒有明說，這段親子關係註定都會失敗。因為孩子將為找尋自我，而致力於同一件事：讓你失望。

最後落得失望的下場

父母有時會把孩子當成自己的僕從，將挫折與失望投射在孩子身上，命令他們去完成目標及願望。父母有時也把孩子當成分身，要求他們按自己的想法行動。大多數的父母對此並沒有自覺，他們告訴孩子：「你要為我這麼做！」並認為：「你這麼做，我在別人眼中才會是好父親（好母親）！」「我

在維繫關係的過程中，必然會面臨失敗危機。

是為你好！」「你要以實際行動來証明我的人生規劃是對的。」這就表示，父母期待孩子改善他們的生活，孩子必須按照他們的計畫，而不是按孩子自己的希望過生活。

父母將想法加諸在孩子身上，認為孩子應該聽話：維持好成績、踢足球、學小提琴，甚至未來的職業選擇都該聽父母的。不能吸毒、不能帶品行不良的女友回家、不能說謊。

當然沒有人會因小孩說謊而高興。但更嚴重的問題是，即使一位母親在一天內撒了三次謊，她仍然會要求小孩不能撒謊，以彌補自己的缺陷。她高舉道德旗幟，振臂疾呼：「不可說謊。」真正的意思是：「我想在道德上毫無瑕疵，但是我自己辦不到，所以孩子你得替我遵守！」

至於吸大麻、抽菸和酗酒呢？「你怎麼會做出這種事？你是我兒子啊！」真正的意思是：「我對自己吸大麻、抽菸和酗酒感到羞恥。所以孩子，你要洗淨我的罪孽，替我改變。」

上一代會把自己的錯誤，交給下一代來解決。在多數家庭中，小孩延續著父母的生活模式，但要負責解決父母的錯誤。現在看看你自己過的生活，面對現實吧。你過的是自己的生活，還是父母的生活？更重要的問題是：你

上一代常把自己的錯誤，交給下一代解決。

想過父母的生活嗎？如果答案是「想」，那麼我希望是你自願；但如果答案是「不想」，你卻要為此受指責，你會做何感想呢？

父母對小孩的錯誤做出直截了當的反應，這可以理解。這反映出他們的害怕，以無助、慌張及挫折的形式顯露出來。為什麼父親對孩子施壓、指責孩子、滿口道德、展現父權，但下一秒轉過身去，他又開始做出上述的行為？他們並沒有給予支持小孩的空間，因為忙於對付自己的害怕、憤怒及弱點。如果真的要幫助小孩成長，為人父母者應該先清楚知道自己的問題在哪裡。對待另一半及其他重要的人際關係也是如此；唯有瞭解自己，你才能把其他人視為脫離自己的獨立個體。能夠做到這一點的人少之又少，所以真正的好老師也屈指可數，沒有任何一種訓練能教你透視內心、保持平靜。

失望是一種較不明顯卻更為強大的折磨工具。「我對你很失望！」——這是道德教條中的大絕招。父母藉由表達失望讓自己站得住腳，但那對小孩來說是種折磨。反之，如果表達失望能幫助孩子找到自我，那麼它就具有療癒作用；只要劑量適當，毒藥也可以是良藥。然而，能夠表達出具有療效的失望，而不把道德教條牽扯進來的人，也是少之又少。**大部分的人為了證明自己的行為是對的，會剝奪孩子領悟自己是獨立個體的機會，這就是道德上**

沒有任何一種訓練能教你透視內心、保持平靜。

的勒索。

數學不及格？——真讓人失望！你想逃避兵役？——我對你太失望了！你不想成為和你母親一樣的人？——簡直讓人失望透頂！你要休學？——你臉上寫著「讓人失望」四個大字！

唯有在父母親對小孩子有不切實際的期待時，小孩才會令他們失望。當他們利用孩子來彌補自己的遺憾，就會出現這種情形。此時，失望只是戳破假象，露出他們的馬腳而已。孩子則透過行動反映了現實，了解到自己是怎樣的人。

然而，沒有達到父母的期望和人生失敗，完全是兩碼子事。許多大人物在找到人生目標之前也經歷過無數失敗。再者，就算找到了目標，也不表示就會成功。**一個找到自我的人，就算成就不起眼，只要踏穩腳步，和那些一夜成名的人相比，他離快樂的大門更近**。自我實現永遠比成就更讓人感到快樂！在我認識的人當中，對生活感到滿足但不那麼成功的人，遠多於十分成功且對生活感到很滿足的人。當然，能夠成為後者是再好不過的。

如果子女揭發父母對他們的錯誤設定，父母只會感到不高興，因為這種錯誤期望終於要面對現實了。

失望只是戳破假象。
自我實現永遠比成就更讓人感到快樂！

而子女又是怎麼想的呢？讓父母失望帶來了罪惡感。他們覺得自己做錯了、內心混亂、無法認同自己，因為他們相信父母的期望就是他們的期望，一切事物無關他們自己；他們在此時只是父母的延伸人格、是反映出父母缺陷的鏡子。孩子被訓練成履行他人期望的機器，能如何找到屬於自己的人格呢？

為什麼父母要這麼做？大部分是因為，他們自己就是這樣長大，而且整天忙於生活求存，沒有意識到自己的教養有什麼問題。

遺憾的是，罪惡感普遍存在於許多家庭，通常人們不會試著改善關係，而是把焦點放在「誰虧欠了誰什麼」上頭。「尋找罪人」也是媒體最愛的一種遊戲，只要一有什麼事發生，就必須有人出來頂罪。就連校園裡師生間的許多衝突，也是聚焦在罪責的議題上。

為了修復、消除既成的傷害並予以補償，老師會要求吵架的學生互相握手言和，彼此道歉。父母也會要求孩子：「跟我道歉！」

孩子垂頭喪氣地嘟囔：「對不起。」——他真的覺得自己有罪，因為他說謊。他缺乏洞察力，還不知道自己為什麼要這麼道歉。但罪惡感很難被刪除，試著道歉也無法讓自己卸除罪責，反而招來反效果：他們在沒弄懂錯誤時，就先不誠實的道了歉。

這個情況該如何解決？你可以問孩子一些問題，讓他們意識到責任、面對自己的責任、學習為自己負責。如此他們便會豁然開朗，真心誠意地道歉，而親子之間也才能恢復平靜的關係。

「罪」只是一個字，但是字有重量及影響力。有些字的影響力較大，有些較小，並且會透過不同的方式呈現出來。庫爾特·圖霍斯基（Kurt Tucholsky）[8]曾說：「語言是一件武器！」一針見血。而「罪」這個字既沉重，又有力量，它是道德用語，來自神學及宗教概念，正因如此，我們理應把這個概念留在那個領域就好。「罪」並不適用於日常生活，這個字的力量太強，還沒有造成任何實質傷害，就已經讓人在關係裡忙得團團轉。如果我們把「罪」的概念帶進人際關係中，就會導致關係癱瘓，形成阻礙。「罪」是壓迫性的、強勢的、使人受挫的，人一旦把罪背負在身，就再也擺脫不了，無法與其切割。

8庫爾特·圖霍斯基（Kurt Tucholsky）：一八九〇年生於德國柏林，為德國有名的記者與評論家。

因此我要再次強調：**「罪」的觀念不該存在於任何家庭裡、朋友間及任何一種人際關係中！**說某人有「罪」、「必須清償才能解決他的罪」，更是要不得。

父母不應怪罪子女，製造對他們失望的假象，更不應該讓他們懷著罪惡感，除非想要塑造出懦弱的「靠爸（媽）族」。接受孩子真實的模樣是父母的責任，不要求他們要像自己一樣，或者彌補自己的不足。愛孩子，就要讓他們擁有自己的人生。

在重要的人際關係中，每當遇到衝突時，能夠先清楚意識到並承認自己的責任，總是比責備對方還來得有幫助。唯有知道責任，我們才能展現出真實的情感和同情心，並根據事實表達出：「我能理解你的想法。」或：「對不起。」

用「責任」來取代腦海中的「罪」，會帶來很大的改變。「責任」、「結果」及「效果」是有幫助的詞彙，它們能帶來成長與發展。誰該為不理想的結果負責？這件事的成效至此，你覺得該負多少責任？這才是公平又有意義的做法。**定罪只是一種壓迫手段，請不要被它給騙了，也不要把別人送進這個支配陷阱中。**

愛孩子，就要讓他們擁有自己的人生。

反抗

「讓我為你感到驕傲」是種道德勒索，只有在人的心理及情緒上仍處於依賴順從的情況下才會起作用，無論他是完全或部分依賴順從。這種情形尤其容易發生在小孩身上。

這一點會隨著個人的發展而改變。如果順利成長，小孩（或另一半）在時機成熟時就會想要獨立。他們會開始造反，脫去別人加諸在自己身上的期望枷鎖，他們必須這麼做才能發現真正的自己。

孩子在青春期時發展得最快，此時的雄性激素及雌性激素充斥大腦，而為人父母看到「青春期」這三個字，就會不自覺地點點頭，互相傳遞了然於心的眼神：「……不就是青春期嘛！這個時期的孩子簡直可怕得不得了。原本乖巧聽話的，變成個性帶刺、身上有異味、行為反常的野獸……」

真是如此嗎？我有不一樣的經驗。我認為孩子到了某個年紀以後，就會開始用自己的眼光看世界。當他們發現父母沒辦法理解及接受他們的想法時，就會開始捍衛自己的想法。他們看起來具侵略性、冷漠或挑釁的行為，其實是在呼救：「請你理解我！」這是一種自我保護，也是很健康的行為。

用「責任」取代腦海中的「罪」，會帶來改變。

青春期時變得讓人頭疼的不是小孩，而是父母。父母想要維持現狀，希望一如往常地過生活，他們將孩子視為聽話的僕從，當僕從突然不願服從命令，他們就會感到挫敗。

青春期之前，父母與子女間的關係是教養關係——表面上是教養，實際上大多是溫和的獨裁。隨著青春期到來，命令與服從的系統忽然一夕之間失靈了，這時，教養關係應該變成親子關係，親子彼此互動牽連，試著公平地對待彼此。即使這聽起來幾乎不太可能，不過，只有意識到孩子是獨立的個體，並接受這個事實時，這段關係才得以運作。一切都以「尊重」為立基點：我的孩子有自主權，不是我想要他怎樣，他就得怎樣。

說得簡單，做起來可不容易。我仍然記得那一天，我女兒走過來，憤慨地說：「我絕對不要變得跟你一樣！」

哇！這句話一說完，我腦中頓時一片空白，自己必須先冷靜消化一下……

當時我極可能會把這句話當成是一種拒絕、貶低或挑釁。我有股衝動，想用父權來回應她，但我知道她並不是想要擺脫我，只是想尋找自我而已。

有一天她會長大，不再需要我的教養，這時如果要培養與她之間的關

青春期之前的重點是教養，
之後則是親子關係。

係，那麼我的角色會是什麼呢？我該怎麼做才公平？我不該把她想獨立的願望，誤解成是對我的攻擊。

我用清澈明亮的眼神看著她頑強的雙眼，平靜地說：「**你不想變得跟我一樣，我理解，也尊重你的想法。你知道我期盼什麼嗎？期盼妳在未來什麼事都辦得到！我會仔細看著妳完成每件事，也很期待看到妳的成果。**」

這番話的效果令人驚奇。從那時起，家中再也沒出現過造反、指責及親子攻防戰。常見的青春期大戰就此消失無蹤，因為我根本沒有資格參與這場戰役。我的立場清楚明白：「ＯＫ！我知道，也期待看妳貫徹執行計畫，期待著妳的結果。」這招果然有效！一開始在我的女兒身上起了作用，接著是我的繼子，最後連在我生活周遭的一些青少年也不例外。

克制衝動對我來說容易嗎？當然不容易，但我學會先給自己思考與解釋的空間，我認為這是活出自由的象徵。我不想做「衝動」與「本能反射」的奴隸。美國有名的心理學家羅洛．梅（Rollo May）曾經形容：「真正的自由是在誘惑與反應之間，暫停一剎那，讓自己決定如何反應。」我深有同感，如果能夠在幾經思索後行事，那麼就可以贏得自由。如此一來，每個人都能保有自己的立場，進而獲得發展的空間。雙方都能以各自的節奏發展自我，同步成長，並不一定要強迫自己獨自成長。這並非意味著，另一半就勢必能顧及對方的所有問題、滿足對方的所有需求，而是意味著，雙方共同成長的空間將會大幅增加。

在青春期裡，為關係製造麻煩的不是子女，而是父母。多半是父母難以接受小孩發展自我的這個事實。自從我和女兒把話說開之後，如果哪天我再看到父母與青少年子女間展開典型的親子大戰，我就會想：這對父母現在正值青春期。

不踏實的驕傲

德國精神科醫師奧斯瓦．本柯（Oswald Bumke）曾說：「教養就是給予他人生活的榜樣，不然就和馴獸行為沒有兩樣！」如果父母把教養當成是可以讓自己驕傲的強制約束行為的話，那麼我想問：「父母難道就沒有自豪的事嗎？子女又該為父母填補哪些遺憾呢？」

如果父母無法繼續發展自我、如果他們彼此的關係停滯不前、如果再無趣事發生，那麼生活就會讓人感到挫敗無聊。**沒有人受得了長期的停滯不**

常常，進入青春期的不是子女，
而是父母。

前，我們是仰賴成長而活的生物，同時也喜歡發展自我。電影《最後的馬拉松》中，喜劇演員迪特．哈勒佛登（Dieter Hallervorden）飾演的馬拉松跑者保羅．阿瓦賀夫（Paul Averhoff）睿智地說：「人活著就必須持續前進，一直不停地往前。」我把「前進」解讀成「活得有深度」。

利用孩子來彌補自己的不足是個難以抗拒的誘惑，因為孩子成長得飛快。在填補父母發展停滯空缺的過程中，孩子很容易受虐待，至少在青春期之前都是如此。

一旦事情發展得不如預期，父母就會說出像是「你沒有一件事做得好！」的話，言下之意就是：「我當初就沒做好，所以你也好不到哪去。」父母大表失望，會讓孩子受到侮辱，不知不覺中也形成破壞力。這時父母反而寧願孩子「一事無成」，因為他們壓抑著一份恐懼，害怕孩子比他們更有成就後，會開始欺騙他們。

此外，夫妻關係是家庭關係中的第一順位，夫妻關係良好，孩子就不必填補任何關係中的缺口。這段關係必須是最重要的，因為孩子還沒有能力去處理一段成熟的關係，而且相較於父母，孩子並非自己選擇了這段關係。舉例來說，如果母親把親子關係看得比夫妻關係還重要，那麼她可能會把另一

夫妻關係一旦良好，
孩子就不必填補其中一方的缺口。

半的角色強加在孩子身上。孩子不明白這個角色的作用，更別說知道該如何扮演了，所以家庭中的關係一定要分清楚，這可以讓孩子卸下無力承擔的責任。

在離婚戰爭中，這項原則就更凸顯了。很多父母想利用孩子彌補婚姻中受到的傷害，此時孩子是他們最優先考慮到的籌碼：利用權力，把孩子拉到自己這邊，使其脫離前妻（夫）。於是孩子被加諸了某種責任，這種責任可能會讓他崩潰，而這種情形也屢見不鮮。

反之，如果成熟的父母有自己的成長空間，就不會有多餘的時間控制孩子。父母持續發展自我也能拉進親子間的距離，因為他們是孩子第一個學習的榜樣。

做父母的應該檢視自身，有沒有什麼能值得自豪的事情，接著付諸行動。例如貢獻力量於公司、社會、社團、家庭或某項計畫。先評估自己實際上有多少能力，接著展現出來，才能獲得實至名歸的驕傲。

即使身為父母，也應該為自己的成就驕傲，而不是列出願望清單，要孩子替你成就。

父母持續發展自我，
能拉進親子間的距離。

*

實際的自我評價就，是想想自己真的辦得到的事有哪些，這是場自我角力賽。有時你會高估自己，有時卻小看自己。過去我時常高估了自己的能力，企圖心強過實際能力，希望做出更好的成績。事實上，我的自我價值比想像中低，所以我也承受著同等的失望。這種失落感很痛，但是極有幫助，我因而明白：要達成某個目標，就必須付出相當的代價。我確實做到了，當然，有時候需要一點運氣。

現在我倒是常低估自己的影響力。我的能力強過企圖心，這使我驚喜。這場自我價值的搏鬥，以及能將這份價值發揮出來的願望，有可能讓人增加信心，也有可能摧毀人的自信。當我能實現對自己的承諾，就能感覺到自豪——自我認同。這不容易，因為我們經常做出過高的自我要求，高到只有失敗的可能。

有一回，我接受拜仁三號電台（Bayern 3）主持人托斯坦．奧托（Thorsten Otto）的專訪。那是場精彩絕倫的對談，奧托主持經驗老道、思路清晰，且事前做足準備，在訪談過程中，他機靈地問我：「你最近一次覺得自己很了不起是什麼時候？」

我思索了一下。過去幾年裡，我雖然功成名就，但卻沒有令我印象深刻的事跡。我一週有四天都在台上演說，聽眾迴響熱烈，生活是很順利，但有足以讓我自誇的事嗎？至少我不曾站在鏡子前讚嘆：「噢，上帝！我真是祢的傑作！」

不，我沒什麼了不起的事可以說。我發現我對自己非常吹毛求疵，可能有點太過頭了？我想不起引以為傲的事件，於是回答：「很久很久以前了……」

他不死心地繼續追問：「說真的，你偷偷告訴我，你是否從未感覺滿足？」

我用力回想——幾週前我在德國某家大企業裡用英文演講。要用外語進行內容豐富的演說，還得保證有絕佳效果，真是一項挑戰。我準備了整整一個禮拜，直到當天仍然十分緊張，上台前甚至感到不適。但是等我一上台，所有的不適瞬間消失，演說過程異常順利，為時一個半鐘頭的演講中，我的英語說得行雲流水，我對此感到印象深刻。

回答奧托的同時，我忽然意識到，我應該學習多認可自己一些。對於完美主義者來說，要做到這點有難度。我每天都在練習，未來會更得心應手。

另一方面，我並不喜歡以謙遜來掩飾自大。有些人受到稱讚，總要避免露出驕傲的神情，彷彿那是低等的表現。「不，這本來就應該的。」「這沒什麼了不起的。」反倒顯得惺惺作態。

我覺得這是虛假的傲慢。人們努力想獲得認可，但是此刻來臨時，卻又故作無謂地壓抑自己，這是情緒上不成熟的表現，同時也意味著他需要更多認可。現在得到的只不過是落在滾燙石頭上的一滴水，遠遠不夠。**成熟的人會大方接受別人的認可，人大可為自己或別人的成就感到驕傲，這也是坦然面對事實的表現**。

那麼，該如何套用在親子關係上呢？父母難道不該為孩子驕傲嗎？當然可以！但並不是因為孩子達成父母期望的目標，而是因為孩子在他們能力所及的範圍內勇於選擇、找到自我、走自己的路。

人可以為許多事感到驕傲，甚至可以為身為史瓦本區（Schwaben）、漢薩城市（Hansestadt）或身為德國人而驕傲。只不過這種驕傲決定不了自我價值。**藉由外在事物讓自己感到驕傲，是缺少自我認同的表現**，所以才需要利用顯著的身分——資深足球迷、摩托車正式隊員、鐵面無私的人、父親、

成熟的人會大方接受別人的認可。

凸顯自己的身分，是一種缺乏自我的表象。

母親、教練、經理、演講者——來表現自己。這些身分傳達外在條件，卻極少顯現內在。以身分提高自我價值的行為令人反感。孩子、國家代表隊或國籍，都無法証明自己高人一等，而心態健康、擁有自信的人也無需誇耀身分。

＊

總是在友人面前炫耀孩子的成就，顯出自己的教養有方，很容易就會失去友情。相反的，驕傲也能拉近人際距離。分享他人的喜悅，讓人感到愉快，這種驕傲有益感情。如果父母能這麼思考，就不會理所當然對孩子說出：「不錯啊。但是好還要更好，否則媽咪和爸比會難過。」這會令孩子難過，甚至疏遠父母。

請仔細觀察你的孩子。很多事情他們處理得比我們當年更好，你相信嗎？**假如孩子在成長過程中，沒有受到過度期望與強迫，他應當能發展得更好**。這不代表沒有規矩，而是指不被要求所限制。他將因此成長為獨立個體，不必為了代替父母親實現夢想而備感壓力。身為父母的你也可以為提供孩子機會而驕傲，並充滿信心地說出：「青出於藍而勝於藍！」

驕傲讓人漸行漸遠，
但也會拉近彼此距離。

保護我！

薇薇安是個不成熟、軟弱、缺乏自信的人，她沒有謀生能力，只能從事性工作度日，因此也對自己充滿懷疑。

愛德華也是個不成熟、軟弱、缺乏自信的人，他趁著企業搖搖欲墜時進行收購，拆解成獨立部門再轉手賣出，以牟取暴利。而掠奪所帶來的罪惡感，也讓他對自己充滿懷疑。

有一天，企業終結者邂逅了性工作者。他花錢買春，結果就像好萊塢電影情節般——天雷勾動地火，兩人墜入愛河。

這一定是愛

沒錯，我說的就是《麻雀變鳳凰》。

在我看來，編劇對男女主角的感情進展鋪陳得很高明。許多觀眾覺得自己就像男女主角，最後終於找到自我。這部電影也因為引發高度同理心而大受好評。兩個不成熟、心靈上宛如缺了腳的男女主角遇見彼此、依偎著彼此，總算感覺穩定而能享受生活。他們性格互補，也願意互相保護。愛德華用金錢及權力保護她，讓她不受世界傷害，把她從貧苦中解救出來，過著宛如住在黃金鳥籠裡的生活。她則保護他免於外界的冷言冷語，她燦爛的微笑散發著溫度，為漠然的金權世界增添了色彩。這雖然是芭樂劇情，但卻不無道理。

乍看之下，這部電影描述的是雙贏的局面：兩人既互補，也互相安慰。愛德華有懼高症，象徵他害怕下探內心深處；薇薇安極度自卑，怕被嘲笑，因為她出身平凡。他們一同克服人生的困頓，關係進展得飛快。

在愛德華的幫助下，薇薇安再也不看輕自己，她從平凡自卑的麻雀蛻變為鳳凰。愛德華也增加了自信，多虧有她的鼓勵，他開始幫助這些瀕臨破產的企業，而不是一味地製造破壞。一切看似美好，似乎可以愉快收場了。

但事情偏不如預期。原因有二：第一，好萊塢電影需要戲劇張力，也就是對自己內心深處的懷疑：隨著男女主角因環境而分開，薇薇安再次回到下層階級生活中，愛德華則回到了冷漠的金權世界。這時觀眾緊張得為男女主角捏把冷汗：「他們還有機會復合嗎？」

《麻雀變鳳凰》不在一切看似美好時劃下句點的第二個原因，也是我認為這部電影最厲害的地方：它具有教育意義，且展現出健康的心態。男女主角的愛情是在他們分開、各自找回自我後，才真正顯現出來的。他們都需要轉型期。薇薇安離開愛德華後，意識到不該重操舊業，而要做些有意義的事，她決心離開自己居住的城市，專注於展開新生活。愛德華也認真重整一家岌岌可危的船廠，從前他會收購、切割、轉售，但此時他竟和創辦船廠的家族計畫著建造新船隻。不僅是薇薇安改變了，愛德華也由企業終結者搖身一變，成為真正的企業家，他們倆現在都可以靠雙腳獨自站立，也都找回自我。他們曾經彼此互補，後來又放手讓對方獨立。

直到這時，他們才能重新讓對方進入自己的生活。只不過，這次不是因為他們的心靈脆弱，而是因為他們已經成熟茁壯，成為自由獨立的個體；不需再利用彼此，而是真心想和對方在一起。這恰好描述了戀愛關係中的深層

戀愛關係中的深層意義是共同成長，
而不是利用對方。

意義：在不彼此設限的情況下共同成長。這便是這部電影意境深奧之處。

救救我！

為什麼我們想要被保護？因為安全是人類的生存本能，甚至是最重要的本能之一，更甚於繁衍下一代。

當你獨自走在寂靜的森林小路上，倘若有個陌生人突然出現，你的瞬間反應是自身的安全（他會傷害我嗎？）接著，你會觀察對方的身體訊號及雙手動作（他具攻擊性嗎？有武器嗎？）直到確認「安全」之後，才會進行第二層觀察：這人是男是女？等判定出性別後，第三層想法才是：他是合適的伴侶嗎？由上述例子可知，人類會先自我保護，接著才考慮繁衍生命的事。

這種自動檢測程序，在人類腦中快如飛瀑，它是深植在我們腦中的本能，也是古老的思考模式。檢測結束後，大腦思考速度才會減緩下來，尋找其他意義，並決定接下來的行為。透過這種反射順序，顯示出「安全」的重要性。

就身體構造而言，人類和四處遊蕩的生物相比，屬於脆弱的生物。遇到

人類本能的反射順序，
顯示出安全的重要性。

危機時的反應是先逃跑，而非攻擊。所以，面臨危機時產生的恐懼感、緊張感得以發揮效用，而且這種效果讓人類團結起來，以便尋求保護。正因為我們懂得保護，人類才會發展出那麼多成功的故事。

這麼說來，「保護我！」是個基本且合理的需要，不是嗎？

那可不一定。歐美地區是人類有史以來維持和平與非戰情形最久的地區。我們無須活在恐懼與威脅之中，不像敘利亞、埃及或阿富汗等地那麼危險。我們的生活水準很高，簡直不知貧窮或飢餓為何物。德國每年的貧窮報告顯示的並非「絕對貧窮」，而是「相對貧窮」，也就是說，貧窮並沒有出現在德國，而是在世界其他地方。

根據貧窮報告，月收入低於九百歐元的德國人就算窮人。這種購買力在世界半數以上的國家當中，相當於收入中上的富人。難怪揚・迪萊（Jan Delay）會在他的歌曲《聖保利》中唱道：「我們都有理由歡呼跳舞。」

我們為什麼需要被保護？為了預防疾病和傳染病？為了抵抗風災、天災及地震？還是為了避免被野生動物、有毒昆蟲、蜘蛛或蛇咬傷？並非如此。我們住在前所未有的安全環境裡，好幾百萬年前的人類先祖的夢想已然成真。儘管如此，我們仍然想要受到保護、內心仍然充滿恐懼，我們期望有人照顧自己，即使根本沒有什麼好照顧的。荒廢的機場、瀕臨破產的企業、即將解散的足球隊，都盼望著有人能夠接手管理，好讓一切恢復原狀。

我們並沒有遭到威脅，卻恆處於受到威脅的感覺中，所以渴望安穩。要求受到保護，其實是希望免於恐懼。人類背著裝滿恐懼的行囊到處亂走，有人自覺到這一點，但多數人都沒有自覺。

假如在網路上搜尋恐慌症或恐懼症，你會找到很多這輩子想不到的症狀。從「恐懼洗澡或泡澡」到「害怕神明」等，無奇不有。也許你也注意到存在日常生活中的恐懼，例如害怕遭排擠，所以人們寧可從眾合群。

生活在害怕受排擠的恐懼中，要走出自己的路有多不容易？

我再舉個「不耐煩」的例子好了。不耐煩就跟「恐懼做不好」一樣，是對自我能力的深度懷疑。擁有自信讓我們容易完成目標。另一方面，「野心」是「害怕不被認同」，也就是怕被看成「魯蛇」。還有，想要找到心靈伴侶的願望，則潛藏著找不到伴侶或失去伴侶的恐懼。

英文裡甚至有「德式恐懼」（German Angst）一詞，指的是基本的生存恐懼。外國人對德國的觀察頗為透徹——似乎有種恐懼，深植在德國民族的靈魂裡。

人類背著裝滿恐懼的行囊到處亂走。

諸如此類的恐懼，我還可以舉出一長串。

有一種我們都不陌生的關係模式，足以說明「恐懼」是如何滋生蔓延並深深影響個人：一個女人被丈夫拋棄之後，發現他跟她的閨蜜早已暗通款曲。

這個故事聽起來很耳熟嗎？它脫胎自范德法特（Van der Vaart）[9]的故事，也來自於克莉絲提安森（Christiansen）[10]的故事。人會因此而受到多重的創傷呢？一口氣少了最信賴的兩個朋友，這感覺就像有人拿刀刺進你的胸膛，並掐住你的脖子一樣。

在步入下一段感情關係前，這個女人會暗示對方，我曾遭到前夫背叛，所以請先給我安全感，証明你的真心！她的身心都被恐懼所籠罩，再理想的伴侶也飽受考驗，難以維繫感情。

恐懼（Angst）這個字是由約束（Enge）這個字演變而來。一個人要求

---

9 拉斐爾．范德法特（Rafael Van der Vaart）是一名荷蘭職業足球員，他於二〇一三年和當時的妻子離婚，媒體發現他和妻子最好的朋友交往。

10 莎賓娜．克莉絲提安森（Sabine Christiansen）是一名德國新聞從業人員，她丈夫愛上她的閨蜜，因而離開了她。

另一個人給他安全感，以消除「約束」所造成的不舒適。可是約束感並不會消失，它只會從內向外地影響另一個人，使他也感受到這份恐懼。結果不出所料，「伴侶終究會離開！」「拋棄模式」已經在他的心中定型，恐懼又回到自己身上，而且變本加厲。

恐懼感是這麼運作的。當有人開始散播恐懼，且有人反映出這種恐懼，那麼害怕的事就會成真。你擔心某個員工離職嗎？這個人有一天就會騎到你頭上。你害怕失去某個客戶嗎？這個客戶某天會要求你降價。

如果我們希望伴侶、子女、上司、國家提供安全感，與上述相似的事就會成真。恐懼不會消失，它只會變成我們終生都要面對的課題。而我們的結論就是對方不值得信任，因為他們並未給我們安全感。我們就掉進了恐懼的漩渦。

猜忌的心

根據哲學家齊克果的說法，人類總是在自由做決定時，感到恐懼。自由選擇就代表了我們得為自己的決定負責。

一旦恐懼意識開始蔓延，害怕的事就會成真。

決定的自由，意味著責任。

當我確定了與某人之間的關係（假設是我妻子或養子），我就必須為這段關係的後續發展負連帶責任。

然而，我們常常想要逃避責任。想卸責的人，把下決定後該負的責任推給別人：「你要証明我的決定是對的！消除我的恐懼！為我負責！」這就是我們要求他人「保護我」時，內心真正的想法。

大多數的人都沒有弄懂過：要求對方給你安全感，就表示你不信任對方。否則為什麼要這麼做呢？難道當我相信我太太不會背叛我時，還會要求她「專情」嗎？

當我說：「別傷害我！我已經傷痕累累，至今仍然忘不了。」就是在把恐懼傳送給對方，威脅對方千萬別這麼做。「你竟敢傷害我！我也不會讓你好過！」這是掌控慾在作祟，那代表「我警告你，不要讓我不快樂。」

相信別人難免會受傷。對人敞開心胸，就得承擔風險。**而「信任」意味著：即便可能受傷，我仍願意敞開心胸；「勇氣」則意味著：即使我害怕，依然放手去做**。這種不畏懼的心態，就是內心堅強的象徵。

「英勇的騎士，來保護我！」——倍受呵護的關係聽來很浪漫，然而，這並非兩個成熟之人所建立的關係。在典型的角色分配中，男性提供物質上

索討安全感，代表不信任。

勇氣就是即使害怕，依然放手去做。

的保障，女性則以「性」作為交換。解放運動過後，這種刻板印象雖然多少改變了，但還不普遍，很多伴侶關係仍然採取舊有模式。這雖然也行得通，但情感關係或個人成長卻無法進步。

伴侶關係在其他國家以不同形式呈現，例如要求女性戴頭巾、穿罩袍。由於制定法律的是男性，背後原因值得一探——這反映出男性的恐懼——他擔心美麗的妻子遭人覬覦，妻子也跟著變心。所以必須將女性魅力藏起來。

多數的法律都是站在男性這一邊。男性大概蠢得不懂應變吧？否則怎麼會看到女人露出皮膚或頭髮，就忍不住衝動呢？

男人想要金屋藏嬌，是因為懷疑女人的忠貞（優勢），同時，他也對男人缺乏信心（缺乏優勢），認為他們是不懂得自制的生物。再者，這也反映他對自身的想法：女人若沒有穿罩袍，難保自己會想入非非，更何況自己的妻子在別的男人面前呢？簡直是羊入虎口。

這種兩性關係，是建立在不健全的人格及脆弱的自我認知上。女性至今仍受到各種形式的壓迫。對女性的控制慾望，似乎是對女性意識抬頭的集體恐懼。而且愈是恐懼，控制慾就愈強。

這種想法立基於「世事恆變」的認知。一旦不受約束，人就擁有了自由，

愈是恐懼，控制慾就愈強。

可以選擇離開另一半或者出軌。

敞開心胸信任對方，雖然可能令自己受傷，但是傷害才會讓人成長。

一個人的人格發展得越完整，就越有勇氣去嘗試自己害怕的事。他認識恐懼、承認恐懼，並且能透過具體行動，讓恐懼轉化為力量——簡言之，認識、承認、消除，能使人在精神上真正自由。所以**我們應該練習和恐懼打交道，而不是渴望免於恐懼**！如果你希望從別人身上得到安全感，你就不能保護自己，你只會眼睜睜看著自己受傷。相反的，當你愈堅強，就愈能經得起考驗，不會責怪他人。別忘了：閉上嘴巴、忍耐、成長……

安全之舞

為了滿足基本的安全感，與其逼迫、要求、威脅、指責別人，你可以選擇比較有效益的做法。這是我與教育家兼作家菲力克斯．馮庫柏（Felix von Cube）同台演說時，從他身上學習到的事。馮庫柏認為，**人類的一切努力都是基於恐懼，恐懼就是人類的驅動器**。雖然有的人在面臨恐懼時癱軟無力，什麼事也做不好，但其實每個人都能夠將恐懼化為助力。

祕密武器就是：好奇心。它也是人類的原始動力之一。面對不熟悉及新事物時，我們難免會感到害怕。然而，好奇心能驅動我們去研究這些不熟悉的事物，進而理解它、掌握它，以便消除不安及恐懼，增加安全感。好奇心就是一種勇氣，也是一種生產力，它凸顯出人類對安全感的需求。馮庫柏的觀察力真是了不起！

按照這種邏輯，恐懼就如一匹被捕獲的野馬，在馴服之後會成為助力，載著我們向前走。若你感到害怕，那就表示，有什麼緊張刺激的事正在等待你的探索。恐懼能讓你看見自己的潛能開拓區域。害怕什麼？就去研究它吧。恐懼在哪裡，就往哪裡去。

當你接觸了新事物，慢慢熟悉以後，也許你會開始覺得無趣。這種感覺既是蜜糖，也是毒藥，那意味著你得離開舒適圈，繼續找尋新挑戰了。例如：更換（另一半、工作、住所）以便尋找表面上的新事物，或是：深入了解（另一半、工作、住所）而發現自己未知的地方。你知道該選擇哪一種——深度探索才是真正的成長。

因為無法忍受不確定性，所以才需要可預測的安穩。因為忍受不了凡事皆可預測的穩定，所以才需要充滿刺激的不確定性。矛盾讓我們的生活變成

恐懼在哪裡，就往哪裡去。

一支舞，而恐懼則是我們的舞伴。我們應該當恐懼的主人，帶領它，而不是變成它的僕人。與其想著「如何才能遠離恐懼」，不如轉而思考「**我現在是恐懼的主人或僕人**」。

當恐懼成為一家之主，我們就會開始向外求取安全感，內心吶喊著：「請保護我！」並強迫別人對我們負責。但是這麼做將會抑制、癱瘓且阻礙我們個人的發展。

唯有對自己負責，正視自己的恐懼，勇敢面對它，我們才能在恐懼中成長。在經歷千辛萬苦，克服恐懼之後，付出終將獲得源源不絕的回報，程度遠超過我們想像，就像《麻雀變鳳凰》片尾的薇薇安與愛德華一樣。

假如想要擁有更多安全感，應該怎麼做？

我能給你的最佳建議是：建立彼此互信的關係，無論人際關係中存在著風險及不確定性。當我自己學著信任別人的時候，才會開啟互相信任的大門，而唯有在我先相信自己的時候，才有辦法信任別人。

你可以設定目標，一步步學習勇敢，並且帶著好奇心，與不安全感和恐懼共舞。有段時間，我的人生目標就是花四分鐘替自己穿好襪子。那反映出我對無法自理生活的恐懼。而現在我的目標是，讓一百二十位企業領袖清楚了解自己的職責所在，並發揮領導力。雖然這只是短短幾行字，卻包含多種專業領域，充滿困難與難以忍受的經驗。不過，請你相信一切的辛苦都會值得。**精神上的自由是你能送給自己一份大禮，沒有什麼比這份禮物更好的了！**

世界上唯一能確定的事，就是我們都會死亡，所以要盡可能清醒地活著。重點不是計算你每天呼吸幾次，而是在還有一口氣時，活得多清醒、多充實。

當你逐漸駕馭了恐懼，把它變成你的助力，那麼生活就會變得充實——反正恐懼也不可能消失。隨著每一次的成功，你就更有自信面對恐懼，更容易信任人。先學會信任自己，就能把這份信任投射到其他人身上。既然我辦得到，相信每個人都能做到。尊重和互信有著互為助長的關係。

在這段過程中，唯有「確定性」不會成長，因為它並不存在。如果它存在，我們也就不會有恐懼來驅動自己了，我們只需停在原地，無須成長。

如果你希望有人保護你，請想清楚：**「保護我」意味著「讓我停止成長，阻止我往前走，和我一起留在原地！」**但生活並不會在原地停留，它將持續往前推進，不管有沒有你都如此。這說明了為什麼有的人停滯不前，有的人身經百戰且功成名就。後者選擇了面對自己的恐懼，積極的生活。

現在你可能正遭到恐懼的阻礙，而在原地踏步，你渴望被保護，卻荒度人生。你可以選擇正視恐懼，讓它變成生活的助力——如果你想得到幸福，決定權就握在你手中。

精神上的自由，
是你能送給自己的一份大禮。

尊重我！

女人剛回到家。她站在沙發前，對瞌睡中的丈夫說：「親愛的，看看我買了什麼好東西！」

他嘆嘆氣：「買了什麼？哦，一條新裙子嗎？」

她：「不是。」

他：「新襯衫？」

她：「也不是。」

他：「難道是換了新髮型嗎？」

她：「都不是，是我臉上戴的防毒面具……」

為什麼上述對話會讓人發笑？因為它顯現出不健康的人際關係：缺乏重

視。

人類都希望被注視。這意味著被尊重（respect）。Spectare 在拉丁文中是動詞，意思是「觀看」、「注視」、「看」，而 re 表示「向後」。想要被重視的人，就是想要別人回頭看看他、想要別人為他設想、想要被關注。「看看我，我在這裡！你看不見嗎？看著我，注視我，我才能感受到自己的存在。」

咕咕玩偶樂團（Goo Goo Dolls）在他們的歌曲〈艾莉絲〉中，便清楚描繪出人類這方面的需求：「如果世界上的一切／註定要走向毀滅／我只想讓你知道／我是個什麼樣的人。」人類一方面理所當然想被關注，但另一方面，要將這個原始欲望說出口又是何等困難，彷彿說出「嘿，你重視我呀！」是非法的。不過，當有人逼不得已說出「請你尊重我」的時候，那就表示情況已到了無法收拾的地步了。

大部分的人不會正視、支持、坦率地表達自己的這種需求，而是寧願避重就輕、拐彎抹角地讓自己獲得重視。舉個例子，假設有兩對夫婦一起聚餐，結束後，在各自開車返家的途中，他們會聊些什麼？當然是八卦。

她：「天啊！你看到彼德（Peter）多會照顧小孩嗎？」

聽到這句話，他噓了噓口水，回答道：「你看到彼德的老婆瘦了多少嗎？」

這種拐個彎罵人的方式，並不令人陌生。他們話裡的意義是什麼？她間接指責他不夠用心照顧孩子。更深層的意思是：「你可以尊重我嗎？你注意到我每天的付出了嗎？你可以支持並支援我嗎？」

而丈夫的回話中，也隱藏了對妻子的間接指責，認為她不如以往有魅力。和懷孕之前相比，現在她完全不維持身材。而他認為這是不尊重他，彷彿他不值得擁有一位美麗、身材纖細的妻子。這令他感到羞辱。男人身旁有位嬌妻，意味著他很成功，這種印象也反映在現實社會：愈是有錢有權的男人，身旁的女人就越美豔動人。那些富裕、有權勢的女人也沒有違背這種刻版印象，她身旁儘是身材壯碩的年輕情人。

她想被尊重，他也想被尊重，雙方都指責彼此不夠尊重。為什麼想被尊重會變得如此困難？

自尊

你待會要去參加一場酒會，所以花了兩個小時打扮，穿上你最優雅的禮服。一到現場，你發現完全沒有人注意到你，你沒有得到任何正面或負面的評價，被當成空氣。這時你有什麼感覺？

你耗費心力報導了某家企業，卻沒有獲得任何迴響，無論是正面的或負面的都沒有，如同石沉大海。以後你還想努力寫出精彩關鍵的報導嗎？

如果沒人對你感興趣，你會是誰？別人對我們的反應，可以幫助我們認識自己。一旦別人看到的我，跟我所認知的自己一致，那麼我就會感覺到被尊重。

所以「尊重」對於正值青春期的青少年來說非常重要。因為他們想呈現出更好的一面，急著要別人給他們回應，好讓自己被認可。**他們想被尊重，但卻不知道「尊重」不是開口要求就有的，尤其在還不懂得尊重自己的時候。**他們不清楚自己究竟是什麼樣的人，因此拚命向外尋找答案。直接從父母那裡得到回應與回饋，即使是負面的，也勝過於全無反應。假如得不到任何回應，他們就造反：在身上打洞、刺青、吸毒、翹課……每個年代都有造反的

不知道自己的目標，將使人不安。

方法，為的就是得到回饋，而通常這是有效的方法。

不知道自己是誰，也不知道自己的目標在哪裡，將會讓人感到不安。青少年索求自己還沒有資格獲得的東西，也是很正常的事。即使他還不懂得尊重自己及別人，他仍想要獲得尊重。所以成年人為他們打開保護傘、對他們心軟，盼望有朝一日他們學會尊重，真的長大懂事。

反之，如果這種模式發生在一位五十五歲的公司主管身上，那就很可笑了。貶低別人，好讓自己高高在上，這是許多公司經常上演的戲碼。這種畫面讓我覺得反感。一個位居領導階層的人，至少應該懂得尊重自己同時尊重他人的道理。如此一來他才有資格得到所有人的尊重，也包括我的。

這是生活的基本準則：當你意識到自己的需求時，應該先把它贈與世界，然後你才會獲得加倍的回報。先付出才有收穫。在青春期快要結束之際，還不能接受並依照這個原則行事的人，將會面臨身分認同問題。他渴望尊重，卻得不到。於是他開始八卦、誹謗他人、編造故事、美化事實、設法讓別人恭維他、使出甜言蜜語攻勢、大秀強勢作風、狡猾、作秀……但這些全都徒勞無功，因為這種人不認識自己，也還沒有找到內心那個完整的自己。

無論是家庭、球隊、公司或社會，缺少了尊重，這個團體就是分崩離析

生活基本原則：先付出才有收穫。

的。不懂得尊重，將會拉大團隊間的鴻溝，反之，彼此互相尊重就能團結一氣，進而形成具有生產力的團隊。團結可以治癒分化，並賦予團隊踏實穩健的氣氛。這種團隊意識對所屬成員具有療癒作用，但不表示他需要放棄個人的自我意識。

一個不團結、缺少彼此尊重的公司會面臨什麼問題？這點我在與我二哥一同創業時曾經經歷過。公司創立之初，我二哥已經參與其中，我帶著自己的經營理念創立了公司，因此無論做什麼事，我都遵循著這個理念。他則扮演支持者的角色。本來我們的事業可以成功，但天不從人願，他不同意也不願遵循我的經營理念，想要按照自己的想法來做事。我們兩人起初都沒有意識到這個現象，但時間一久，問題終於浮上檯面：他犯了個無心之過。因為不願依照公司理念做事，所以他的投入意願很低，導致錯失了重要合約的解約期限，讓公司必須支付雙倍的費用。這對於財政是一大傷害，更何況是個失誤。

但他畢竟是我的家人，我也想要把他留在公司裡，於是便沒有追究他的責任。但是問題仍然存在，我在工作上施壓，導致情況惡化，而我必須承認：我失敗了，我無法領導他。到底為什麼呢？

我慢慢了解到發生了什麼事：問題出在我身上。我對他不夠尊重，用自己的眼光來看待他，以致於看不清楚他真正的樣子，造成我們之間的芥蒂。

也許以下的情況對你而言並不陌生：你希望面前這個求職者就是你想找的人，但是事與願違。或者你與人相愛、結婚，最後卻以離婚收場，你心想：我當初怎麼這麼糊塗呢？

這當中究竟出了什麼差錯？原來，我們是被自己的願望給矇騙了。我們並沒有尊重事實，反而扭曲了它。我們兄弟關係生變，完全是我的責任；而他的責任在於，他應該告訴我，他沒辦法勉強自己做不適任的事。

我哪裡不尊重他了呢？我沒有把他當作他自己來尊重，而是想把他形塑成我想要的樣子。在他身上看見某種潛質以後，我希望他可以有所發揮。我以為我明白什麼對他最好，就像父親對兒子的心情。可是，事實上我卻在執導一部由我主演的戲劇，我演出父親角色，而他扮演兒子角色。他只是表面上答應演出，但在他感受不到應有的尊重之後，就無心地做出反抗：不小心捅出了簍子。這使我們關係受影響，而他這麼做只是想被注意、被認同，還有被尊重。

當我發現真相，也訝異於自己的原始想法，我才恍然大悟：他寧願少賺一點錢，也要按照自己想法做事。於是我們分道揚鑣了，這其實是件好事，我們從彼此身上學習，然後走自己的路。

如今我們關係維持得很好，這對我來說非常重要。他做自己想做的事，也做得很好，現在的我們，彼此尊重。

我也曾經不懂得尊重某位老顧客，當時我被自己的成就所追逼。外界賦予的肯定，滋養了我內心描繪的那幅關於自己的畫像。如果有人要替這幅畫取名的話，它應該叫做「自我肯定的幻想」。滿滿的委託案件、接不完的演講、脫口秀的邀請，絡繹不絕的掌聲。來自四面八方，極度正面的評價、趕場壓力、快爆炸的行事曆。然而，我想做好每一件事的這個糟糕的願望，完全讓我難以負荷。

一般而言，努力找尋客源，本來就符合經濟原則。但是當時我竟然覺得「能邀請到我的人是他的福氣」，自然法則在我身上好像失靈了。

我在工作上付出的尊重太少，尤其是在顧客面前。我眼裡只有自己以及迎接挑戰該付出的努力。各方面快速成長，讓我一時難以招架，但我畢竟是個有知覺的人，可以清楚看見自己怎麼一回事，不過也僅止於此，那時候實在是太瘋狂了！老天保祐，讓我在無意間失去了第一批客源之後，很快振作

缺乏尊重會帶來分化及分離。

起來。傷痛幫助我認清事實，人生很多時候都是如此。而我這次領悟到：缺乏尊重會帶來分化及分離。

這個階段沒有在我身上停留太久，謝天謝地。讓我驚訝的是，就算把眼睛睜得老大，把所有的情況都看得仔仔細細，我仍然躲不掉這一課。有段時間，我被人捧上天，但我卻對此束手無策。今天我總算明白：那是因為我沒有自信，而其實它一直都潛藏在心裡。那時的我覺得自己已經前進一大步，但事實上並沒有。不知道從什麼時候開始，我的自我意識，連同工作上的自我認知，都隨著我的成就再度成長。從幾年前開始，一切又恢復正常。現在我非常尊敬我的工作，真是不經一事，不長一智。

自覺

想獲得尊重的人所需要的就是：自覺。清楚檢視造就自己的因素，看看自己的成就與障礙、優勢及弱點。

我曾經做過一項人格測驗，讓我瞭解到誠實面對自己，就能夠有所領悟。光是演講不可能讓我的生活圓滿，還缺少了某個能成就我的決定性因素。因為在大批群眾面前演說，人們總是來來去去，建立不了持久的人際關係，更不用說是與人深交了。不過，建立關係是我的強項之一。我有能力維持長久又穩定的人際關係，但我也需要這些關係。我很珍惜身邊那些能讓我信任的人事物，並藉此獲得安全感，我想要更深入了解身邊的人，所以更深入去理解生活是怎麼一回事。如果你有興趣，我也很樂意帶你一探我的人生，如此一來，只要你有心，就能學得更快，就像透過這本書學習一樣。

我對人很感興趣，說得更精確一點，是對人的潛質很感興趣。蘊蓄在人身上的特質很吸引我，所以一直以來，我都希望能夠在無需認同的前提下，更深入地了解人。這是一門偉大的藝術。多數人認為，理解也意味著認同，事實卻非如此，當我不必認同的時候，才能更深入地理解。這也正是我想表達的。這得建立在雙方某種程度的信任之上，這種信任無法在短時間內形成，只能慢慢培養。但願這些和我們同行、一路上沒有缺席的傷痛能被撫平，且不要留下太明顯的傷疤才好。和人們相處、增進彼此的信任，我非常享受這個過程。

所以我不僅到處演講、從一個講台到另一個講台，我還在二〇〇一年創辦了一所培訓學院。學院的院長亞提拉．烏藍（Atilla Vuran）幾年下來，組

在不認同的前提下理解，是一門藝術。

成了一支優秀的團隊，我們的任務在於使領導者與領導團隊能理解他們的工作內容，且學習運用他們的能力，無論是何種級別，從領導新鮮人至高級經理人，轉型變革是我們的強項。幾年下來，我能夠維持與工作夥伴間的關係、與他們共同成長，無論是公司同事或者客戶，有時候甚至可以從中發展出友誼。不過我所學到的是：關係可以被拉近，但是又不要過於親近。如同火燒得正旺的壁爐，靠近它能讓你感覺溫暖，但千萬要保持距離，太過靠近會讓自己受到不必要的傷害。

為什麼保持適當距離是必要之舉？有一種人，關係一拉近就忘了尊重。偏偏這一種人多到不行，在家人間更是常見，把所有的事都當成是理所當然，忽略了應有的尊重，這對於每一段人際關係來說，都是情感上的致命一擊。把另一半或子女當成客人般對待，這個主意你覺得如何？其實，他們的確是客人。

檢視一下對我們最重要的人際關係：社會上充滿了追求尊重的行為模式，各行各業都是建立在這種行為模式上，它們塑造出一個迫切尋求尊重的社會，不管是靠矽膠、肉毒桿菌、汽車馬力、出租奢華驕車或捐款大戶等。各個社群團體自行決定什麼是該被尊重的。

決心要自行創業時，我對自己的信心及理念產生極大的動搖，內心的安全感和緊咬不放的自我懷疑，每天都要交戰好幾回合，那種狀態很恐怖。我把收到的正面評價來信，收集在一本文件夾中，讓自己有被認同的感覺，每當我懷疑自己的時候，就看一看文件夾，提振一下士氣。

現在我明白了：當時我之所以需要那個文件夾，是因為還沒有意識到自己所擔任的，是「個人發展培訓師」的角色。文件夾數量從原本的一個變成好幾個。如今我仍然很開心看到那麼多正面的評價，但是我不再需要用文件夾來証明自己的能力。今日的我，看到顧客的成長比看到自己的評價更開心，對於我的工作來說，這是一份不一樣、更高的評價。是否獲得了外界的尊重，如今已經不會左右我，我因而更能感受到精神上的自由。

你所需要的是愛

缺乏自信的解決辦法，不是大聲呼喚、要別人尊重你。向別人要求自己不願給予的東西，會破壞人際關係、使家人筋疲力盡。先付出，才有收穫的運作迴路也會被迫中斷。

獲得尊重的不二法門，就是接受自己。

唯一一條能帶你抵達目的地的路、能讓你持續獲得高度尊重的路，就是逐漸地接受自己，慢慢地深入了解自己，直到尊重朝你走來。想要成長的人，就會在生活中先給予他人自己所追求的，那麼他從別人身上獲得的，就會比想像中更多，這個道理就是那麼簡單。

我經常對自己提問，也因此獲益匪淺的是：「我的存在，究竟能為周遭帶來什麼好處？」我知道這個答案不是一成不變，它會隨著時間改變，端看我自我發展到何種程度。無論現階段的答案如何，只要我遵從它，那麼就會獲得相對的尊重。

與其想著我要什麼，不如專注在我的能力上，在達到目標的過程中，就不必那麼費力。成功會增加我的自信，能讓我看得見別人、感受別人的存在、珍惜他們，並且從他們身上得到回饋。清楚有力的回饋擁有治癒力。拍馬屁不是尊重的象徵，能讓別人成長的回饋才是。即使它會讓人感覺疼痛也無所謂。認為成長很重要的人，有時也要能製造傷痛，就像製造歡樂一樣，這就是所謂的平衡。如此一來，你才能讓別人知道「他是誰」，幫助他找到自己，無論是優點還是缺點，都把自己看得一清二楚，並且開啟一個有建設性、有生產力的成長迴圈。

哲學家把這個叫做：愛。

2

你如何在無形中，阻擋了企業團體的成長

激勵我！

一個同業日前在Facebook張貼了一張十九世紀商人的照片：權威感十足、嚴厲的眼神，臉上的鬍子讓他看起來得意洋洋。照片上方寫著：「現在的老闆得反過來要激勵員工，光是對員工咆哮早就沒路用了。」

他說的沒錯。這句話是很自負，但也一語中的。因為領導員工的方式在過去幾十年來真的改變很多，無論員工或老闆，大家都熱烈討論「激勵」這個話題。在職進修在企業培訓師、顧問及講師之間也討論得很熱門。

其中讓我覺得特別有趣的是一位女性用戶留在貼文下的回應：「員工其實也沒什麼好被激勵的啊，他們若不是本來就自動自發，早就被上司的愚蠢管理給搞得心灰意懶了！」

你注意到這則訊息所透露的重點了嗎？留言者意識到：「本質的」也就是「由內而生」的動力的重要性。萊納德．史布萊格爾（Reinard Sprenger）的著作《激勵神話》（Mythos Motivation）在德國大受歡迎，根據他提出的論點，上司根本不可能激勵員工。那則留言顯然跟史布萊格爾的論述不謀而合：「在過去，如果員工沒有動力，是高階主管的錯——他們應該好好激勵一下員工才對！如今如果員工沒有動力，仍然是高階主管的錯——他們可以不要再那麼愚蠢且讓人泄氣了嗎？」風向已經改變，但全部的責任依舊落在高階主管肩上，許多企業顧問為此案子接不完，造就了另類商機。

反正無論怎麼看：缺乏動力的問題就出在主管身上。你同意這個說法嗎？

我完全不同意。

尋找笨蛋

領導者的時代已經過去了。以往，特別是在工業時代，雇主和勞工之間存在著清楚的交易。雇主認為：我保障你安定的生活，你就得把我當成神來崇拜！勞工認為：我願意為偉大的領導者做任何事，我依賴你、身為你的奴僕，但做為交換條件，你必須保障我的生活。

如果雇主在僱用勞工時夠精明的話，就可以建立起許多像這樣的依賴關係，建造出大規模的工廠，外加員工宿舍，這種規模就好比某個王國，也給予了實業家無比的權力。所謂的霸權、帝國，都是根據這種模式奠定起來的。現在許多歷史悠久的工業建築及工業區的街道名稱都保留著過去的痕跡。雇主會照顧忠心耿耿的工人及他們的家人，這是公平的交易，也為我們今日整體的繁榮打造了基礎，足以讓我們對工業大老及他的勞工軍團心懷感激，因為我們是踩在他們身上才能走到今天。然而，時代在變，人的動機也會改變。

如今，這種交易已經行不通，因為交易雙方的要求都已經無法被履行。老闆無法成為員工信得過的依靠，員工也不樂意對老闆唯命是從。依賴系統的優點變成了缺點：當初責任只在於少數幾個高階主管身上，如今這種想法遇到了瓶頸，因為商業市場移動得更快速，變得更複雜，光靠少數人的眼睛及大腦是不夠的。過去就像是在廣闊的平原上開出一條道路；如今這就像是在一片濃霧中摸索前進。決策中心對於外面市場上所發生的事，連自己都跟不上，多來幾個血汗勞工也幫不上什麼忙。

以奴僕制換取生活安定的交易，
現在已經行不通了。

這類戰役中的輸家，最具代表性的，就是在連鎖藥妝店對決中，不敵DM藥妝而慘敗的施萊克（Schlecker）。這就像過去與現在的對決。前者的經營方式很有彈性、各家分店承擔各自的責任，企業本身不停地動腦筋；後者則依賴中央集權管理結構。這種新舊之爭，在泛道德化媒體的眼中很快就成了善惡之爭，就像好萊塢電影經常上演的情節一樣，最後贏得勝利的都是好人。施萊克破產了，這家企業遭到時間淘汰，就像恐龍在隕石墜落後的命運一樣。

原因何在呢？只因為「人」變得比產品更重要。曼內斯曼兄弟企業（Mannesmann）發展出無縫管理，這是一項無敵產品，為鋼鐵工業帶來了數十億的商機。不過，把工人當成可替換的機器人，整家企業就靠這一項產品過活，這在現在根本行不通。創新商品的領先地位很快就會被超越。現今企業需要的是懂得思考的人、創造力的頭腦、有能力的高手。從原本所需的血汗勞工，轉變成需要懂得思考的人。無論是哪個產業，只有運籌帷幄者才能脫穎而出。

這就是現實，而且現實永遠不會失靈，它迫使人們適應，使權力結構也有了相對應的改變。過去，老闆們就是主人，擁有絕對權力的主人。今日，

無論是在哪個產業，
運籌帷幄者才能脫穎而出。

員工在背後說老闆的壞話、罵他們笨蛋、私下讀著像《我的老闆是混蛋》、《恨老闆》或《向老闆復仇》這種書籍。

上司會激勵你嗎？如果會的話，可能連太陽都要打從西邊出來了。現在的新興論調是：工作動力必須發自內心。正所謂：風水輪流轉。

那麼實際上是什麼情況呢？一個由自動自發的員工所組成的公司，是不可能被領導的，因為他們不願意被牽著鼻子走。要帶領一個由一百位具有自發性的員工團體往同個方向前進，根本不可能。你反而會得到一群要往一百個方向前進的烏合之眾。這就是現實！因為知道自己想做的事，而且專注於做這些事的人，必定堅持自我，行事獨立。而上司唯有給予他想要的自由，才能「領導他」。

我曾在一名公司女職員身上見識過誤解權力地位的例子。在一場二十人會議中，我身為部門領導人，正在向同事說明新的銷售策略，而那位女員工往椅背一靠、雙手交叉，揚起眉毛、語氣堅定地對我說：「葛倫德先生，這完全激勵不了我！」

會議室裡，每個人都盯著我看，在場的人都意識到她對我的挑釁，她的信念無可搖撼：「我的老闆必須激勵我，而我只管坐在那裡，批評他做得好

一個由百位自動自發員工組成的團隊，
是無法被領導的。

不好就可以。」誰才是這裡的主導者？女員工？還是身為老闆的我？

我冷靜下來，整理思緒後開口：「我並沒有要激勵誰，我要和積極主動的人一起工作。」

在這場對決中，也許一句話就能扳回一城，但卻解決不了最根本的問題。這一句話足以分化人心。有些人覺得我這麼回答很過分，有些人則暗自竊喜：「她終於踢到鐵板了！」顯然這位女員工也不怎麼尊重其他同事。

這裡的重點是態度明確。身為領導階層，如果不想利用「恐懼」來支配屬下的話，你就必須招募積極進取的員工。沒有什麼比那些認為上司應該要為他們的工作氣氛、動力、生活幸福負責的員工來得更糟、更阻礙發展、更有破壞力。這種員工就像讓你染上萊姆病的吸血壁蝨，是靠宿主的身體來維生，就像太空中吞蝕周圍物質的黑洞一樣。

說到積極的工作態度，主管或員工都可能犯下兩類錯誤，加起來一共四種。主管的盲點是：一、統帥：總是想操縱一切，培養了一群唯命是從的下屬；二、員工眼中的好上司：那些自我犧牲、更重視員工情緒的上司。而員工的盲點是：一、渴望權力：認為自己比老闆厲害，把老闆當成笨蛋；二、以被害者自居：等著讓別人來激勵他。

不管是那種類型的工作者，遲早都會出現職業倦怠，而且絕大多數都是上司。可惜的是，現在的員工進了公司，普遍都只希望從主管那裡獲得工作的動力，這就是我們在運動中經常見到的「信心喊話」，例如「衝啊！」、「動作快！」、「加油，你可以辦到！」，即所謂的「尤根・克林斯曼（Jürgen Klinsmann）模式」[11]。我們這些身為企業顧問的人也必須為這種結果負責，一般的顧問為了接到案子，總是得注意最新的潮流趨勢，但顧問應該要深入探究這些議題，好讓他們可以傳授本質。「本質」就是一波潮流退去之後，留下來的東西。一波潮流之所以出現，就是為了取代上一波潮流，好比「員工希望被人激勵」這波潮流被「員工具自發性」的潮流所取代一樣。

交換紅蘿蔔

但提倡員工應該由內而發地自主自動，這就跟重視外來激勵一樣徒勞無功。外來的激勵系統，例如激勵活動、紅利獎金或其他的獎勵方式已經逐漸失效。主管們對於Y世代這一波後浪怨聲連連，再也不知道要怎麼激勵他們。其實，年輕員工不像從前的世代那麼容易受到物質誘惑，這也不錯呀！

「本質」就是潮流退去後，留下的東西。

我知道沒有人想看到自己的鼻子前面被掛上一根紅蘿蔔，因為他們想要自主自由的生活，這一點正是年輕世代的核心價值。舊有社會地位象徵，對於今日年輕的員工來說既無意義也俗氣，就像我在購物的時候，對於那些促銷手法的感想一樣，特別是到加油站去，我根本不管集點數換贈品這一套。只要加了夠多的油，就可換回行李箱或紅酒套裝組合。我的老天！這些禮品真的能鼓勵我到這裡來加油嗎？如果我想要行李箱，直接買一個就好了，這和加油到底有什麼關係？負責銷售的業務員也是這樣，如果他們的銷售數字很漂亮，就可以得到一只金錶，這就是全方位理財公司（Allfinanz）的銷售部門在全盛時期採取的獎勵法。而始作俑者，就是「德國理財諮詢公司」（Deutsche Vermögensberatung）的萊弗里德．波爾（Reinfried Pohl），他以這種方式，在戰後一躍成為德國前幾大富豪之一。他意識到年輕人渴望藉由某種身分地位的象徵——汽車、房子、手錶、遊艇——來獲得社會的認可。他聰明地利用了這一點，向員工承諾：只要表現優異，就能獲贈一份大禮。

11尤根．克林斯曼，德國著名的足球明星。任前鋒，因打法具侵略性，加上一頭金髮，被暱稱為「金色轟炸機」，已退役。

倡導由內而發的積極自主性，對公司沒有任何幫助。

我只是想客觀地指出這個現象，而不是要批判它。這種模式運作得十分良好，也讓公司業績蒸蒸日上。不過，我很懷疑這個成功的故事——滿足員工對身分地位的渴望——在今日是否仍行得通。

我感受到一股對於這種粗糙、想激勵我去做某件事的手法的厭惡感，這幾乎已經帶有侮辱人的意味了，有人在侮辱我自省及自我管理的能力。

「追求身分地位」這個動機已經被「體驗意義」的動機取代。今日員工越來越想尋求的，是意義：企業或高階主管，給我生活的意義吧！那我就會受到激勵。「意義」就是當今的潮流，要避開它是很難的。不過，這個模式也有一個與生俱來的問題：對於一個人來說有意義的事，未必對另一個人也有意義。如果我想探究什麼對某個員工來說是有意義的、什麼是沒有意義的，那又變成一場失控的臆測活動了。

關於這件事情，我們可以從詩人赫曼．赫賽（Hermann Hesse）身上得到啟發。他發現：「我們希望生活有意義，但事實上是，我們有能力給予多少意義，生命就有多少意義。」我們也再度發現「自我負責」的重要。外面的世界沒有某個特定的意義，而是每個人在成長的過程中，建構個人的意義，它是個人化的，不是集體化的。

「追求身分地位」這個動機，已經被「體驗意義」取代。

每個人都會在成長過程中，建立個人的意義。

我不時會聽到「意義」這個詞。例如活動廠商打電話來，邀請我到某一場很棒的活動中演講。每當我告訴他演說酬勞之後，對方便會告訴我這場演說多麼有意義——有很多行銷宣傳機會、可以認識很多人、留下好形象等。

我說：「我們直接講重點，你想要我免費上台演說嗎？」

「是的，沒錯。」

接著我的回答類似於：「你認為，用行銷機會取代酬勞對我有好處嗎？你說這場活動帶來的行銷機會，它的意義大過於酬勞。這表示你認為我在市場上還無法引起足夠的迴響。但是，如果事實不是如此呢？如果我已經能引起廣泛的迴響了呢？那麼你的提議對我來說就沒有意義，事實上也是如此。謝謝你對我的興趣及詢問，我們的對話可以結束了。」

你覺得我這樣做不太好嗎？但我認為：我們就是需要用這種誠實、透明、公開的態度來溝通。當一件事說明得清清楚楚，就會讓人豁然開朗，並且因為容易理解而感到快樂。他的報價對我來說，一點意義也沒有。如果可以用意義來交易，那麼那個人就應該找到對我真正有意義的事物。

這個問題，我很少從別人口中得到答案。我並非不能免費上台演說，只要那些活動的目的對我來說很重要，例如為學生而演講。我在那些即將面臨

「明確」可以帶來理解的快樂。

人生重要決定的畢業生前，總是無酬演說，這對我而言是件有意義的事。不過，想發現什麼對我而言才有意義，就必須花時間觀察我，找出能感動我的事。如此他們所希望的交易才有可能。

用意義來激勵員工，也存在著某些問題，那就是：該如何取悅所有的員工？如果要取悅一個人都已經如此困難，那麼要取悅百人、千人或上萬人，豈不是難上加難嗎？

但是，這種念頭就是不會消失。

到底要怎麼做才能成功呢？

來吧！展現你的能耐吧！

這個問題的解答，不光是企業單方面要負責的，激勵工作動機的責任，不是這麼簡單就可以被分攤：人們總認為，上司們不知道要按下哪些按鈕才能激勵員工，或者至少讓他們不要灰心喪志。人類社會中最讓人棘手的問題，就是伴隨著「激勵」而來的責任分配問題。

很多父母對孩子進行「全套養成計畫」。學校、音樂、運動及休閒時間全都替孩子安排好，把人們的「好玩」或「不好玩」評價當成依據。大姆指該朝上還是朝下，就好比古羅馬時期，尼祿皇帝（Kaier Nero）在觀賞格鬥士搏鬥時，最後做出的動作一樣，這就演變為今日「讓我快樂！」及「激勵我！」的心態。

這種有所求的心態，無異於人類開疆闢土之時的心態。也像是在尋找自我的叢林裡開出一條路來。從第一份工作開始之前，這條路就如高速公路一樣寬闊，為這些人而存在。「保持正面積極很重要！在工作中獲得樂趣很重要！意義很重要！」接著，他們尋找能讓他們有動力、帶給他們樂趣、有意義的工作。

不過，誰說工作永遠激勵人心、有趣且有意義的呢？工作可以永遠保持流暢嗎？（這也是種流行）這就好比期待婚姻應該永遠處於高潮一樣，實在沒道理。

我的情況是這樣的：三分之一的工作會帶來樂趣，因為進行得很順暢（工作流暢），三分之一是辛苦的（意願），而剩下的三分之一處於中間值（因果關係）。這種三分法，是我在針對顧客進行了上百次的個別諮詢後得到的結果，所以你的情況也不會是個例外。而我認為最好的建議是詩人泰戈爾（Rabindranath Tagore）寫的：「**我在睡夢中看到生活是愉悅，醒來時我看到生活是義務。我盡了義務，就看到了生活的愉悅。**」這完全說中我的心聲！

「履行生活中的義務，並從中獲得愉悅滿足」和「一切都如你期待的好玩刺激」，這兩個選項，請問你會選擇哪一個呢？我的答案很清楚。「體驗生活的愉悅」比「找樂子」意義更深刻，因此獲得的快樂也更深刻。儘管人們對於履行義務一點都不感興趣，有的人可能會覺得，履行義務對他來說是比愉悅沉重的事，他無法從中感到愉悅，無論他是員工或是主管都一樣。這令我想起在某間公司工作時發生的事。

這家公司的創辦人將公司規模拓展到擁有一百四十名員工之後，忽然生了重病。為了解決群龍無首的情況，他聘請一位資深藥廠經理來擔任主管，但是卻沒有留意到大企業與中小企業有不同的運作模式。結果，該發生的終究發生了：這位藥廠經理為了凝聚向心力，如法炮製過去的成功經驗──收買人心。他很擅長此道，員工開始對創辦人累積不滿。不過這麼做卻無助於改善公司的處境。貝西伯爵（Count Basie）[12]曾說：「一塊乳酪能考驗牧羊人之間的感情。」這家公司的內部情況就是如此，我們不斷流失客戶。儘管維護顧客利益是公司的理念，但創辦人的長期缺席，讓公司處於弱勢。

當時，雙方人馬都想要把我拉進他們的陣營裡。大多數員工都希望創辦

「體驗生活的愉悅」比「找樂子」意義更深刻。

人早點退休，希望我加入他們。創辦人當時勢力單薄，眾人認為他再也撐不了多久，所以很樂於成為經理的人馬。藥廠經理甚至暗示將來會賦予他們更高的權力，以便拉攏他們。我認為這是下對上的霸凌，奉勸他們謹守分寸，但於事無補。創辦人也頻頻要我站在他這一邊。

我最後選擇了哪一邊呢？由於這兩種選擇都無法改善現況，所以我選擇站在局外，盡我原來的義務。

不過我也不是毫不受影響，這種情況非常消耗我的精神，雙方人馬的拉扯、公司內部的分裂，都讓我很難受。我只能專注於把分內的工作做好。

＊

你可能會認為別人應該要「激勵」你，但這其實是依賴的表現。假如你選擇讓自己的心靈成為奴僕，你的自我也會變得渺小。可惜這種心態極為常

12 貝西伯爵（Count Basie）：美國的爵士樂鋼琴手、風琴手與作曲家，於一九三五年成立了自己的「貝西伯爵樂團」。

想要被人激勵的想法，將讓你變得渺小。

見，例如家長要求老師：「你有責任讓我的小孩喜歡上學、熱愛學習！因為你領的是納稅人的錢。」

這種模式在公司裡也可以見到。我經常在為企業開設的培訓課程裡，看到高階主管靠著椅背唱反調：「你得說服我，否則我是不同意你這麼做的。」這種情形經常發生在公司必須全力衝刺的階段，公司的變化牽動著未來的發展，不能掉以輕心。

這種情況下，並不是他一個人說不同意，一切事務就得隨之停擺。這位高階主管可以提出疑問、試著理解細節，嚴加檢驗可行性，使提案成形。如果到最後他還是不同意，那麼他可以說：「我有另一種看法，理由如下……」換句話說，他應當提出明確具體的反對理由，這才是有建設性的做法，且他的意見對雙方來說都極富價值。

但是這種時候，他卻反其道而行。當他發現這個改變非同小可，而是關係實際面的運用與執行時，他就意興闌珊了：「這不符合我的期望，我對此事持保留態度。」就是連嘗試把計劃引導到有益發展的興趣都沒有，只是拼命踩煞車，以逃避改變為目標：「來啊！說服我呀！讓我看看你有多少能耐！」這也是要求他人「激勵」的心態，結果就變成眾人的阻礙，對他自己無益，對我們也無益，更別說其他與會者了。

有趣的是，在場人士通常會認為是企業顧問能力不足以說服這位主管。這是過去到現在經常犯下的錯誤，也是一名優秀管理者最有可能犯的嚴重錯誤。接下來就是一連串的內部消耗，就像是要把位於埃及吉薩的金字塔推往德國布克斯特胡德（Buxtehude）一樣白費力氣。

我回答他：「我想知道，為什麼你認為我得說服你，或應該要說服你呢？（絕大部分的人都答不上來）整件事的癥結，並不是我們的建議是否行得通，因為過去十五年來的成果就足以證明。重點是你願不願意瞭解更有效益的經營模式，並予以落實。所以我不會說服你，就算不說服你，計劃也照樣可行。這跟我投入多少一點都沒關係，而是你真的準備好了嗎？」

如果你在溝通的過程中，總是帶著這種要求他人說服你的態度，彷彿柔道比賽般採取被動防禦，你很可能會引發怒氣。而譴責則消耗更多的精力，抗爭局面將持續到雙方耗盡力氣為止。唯有平息內心的氣焰，才能夠深度思考、仔細衡量及檢驗。通常經過這個階段，人們就會懂得讓步，因為他能夠說服自己了。重點是給自己一點空間去整合思緒、說服自己。其實本來頑強抵抗的人，到最後都會成為領導階層中最棒的執行者。

抱持懷疑的人，
要留點空間說服自己。

職場上，常常會有表現「要求」態度的機會。例如員工抗議主管不合理的指令時，就會群聚、指罵、批評，要求主管讓工作富有變化。

這並不表示「要求」是錯的，恰好相反，因為與工作相關的弊病需要被發現、被明確地指正並杜絕。不過，重點要擺在「相關」上，不是任何膚淺的馬後炮都算相關。你對這種說法一定不陌生：「我也想改善呀，但是誰同意讓我去改善呢？」「沒人跟我說過啊！」「假如我來做的話，那麼就會……呀！」

陌生的孩子

為了清楚地回答你心中呼之欲出的問題——

「工作能帶來成就感嗎？」——是的。

「工作是有意義的嗎？」——是的。

「工作可以激勵人心嗎？」——是的。

不過，工作的成就感、意義、動力，應該從何而來呢？是從員工和主管本身，或者從公司及產品而來呢？

我們的盲點就是受限於「資方或勞方」的二分思維。對於上述問題，答案是：既非勞方、亦非資方。

過去我擔任產品經理時，我的上司有一天氣沖沖地跑進我的辦公室，坐在沙發上大喊：「真是爛到爆了！」他用這句話作為開頭，罵了好長一串。我仔細聽完他的抱怨，終於知道是怎麼回事：他訂購了一整個貨櫃的助行器，等到貨品送來時，才發現是無法銷售的爛貨。他感到挫敗，轉而對我說：「我不想管了，你來負責賣吧！」

這還真是激勵人心呢！為什麼我的上司不能把這份工作當成是重要的、榮譽感十足的、充滿意義的任務交給我，讓我更有意願接受挑戰呢？有些人碰到這種情況時會這麼想。但是假如我當時對他擺架子，說出：「你究竟懂不懂領導下屬啊？」，我們兩個就會結下樑子。

面對這種情況，有兩種做法：責備或接受挑戰。如果我選擇要接受挑戰，那麼下一個問題就是，我該如何把原本陌生的目標，當成是自己的目標來努力？

這是需要他人「激勵」的典型反應。我喜歡在演說中向台下聽眾調查這

如何把原本陌生的目標，
當成是自己的目標來努力？

個問題：「家中小孩是『陌生人』的，請舉手。」

我看到大家露出疑惑的眼神，台下一片沉默。

我接著補充：「我說的是拼組家庭。也就是說，孩子並不是你親生的，而且你也清楚這件事的……」

說到這裡，全場笑了出來，隨即就看到有幾隻手高舉著。

我繼續問：「你們當初是怎麼學會去愛這個『陌生』的小孩呢？」全場陷入沉思。「是不是從你花時間和他相處之後開始的？從你慢慢跟他變熟以後？從你花很多心思在他身上之後？」

我看到很多人點頭。就是這樣！**責任與認同感，是隨著密集投入而增長的。**

如何把一個陌生的目標，變成自己願意投注努力的目標呢？答案是：你得先投入其中。回頭看看我的例子。我現在有一個陌生的目標，就是把那一貨櫃無用的助行器賣光。我首先弄清楚它毫無用處的原因——缺乏縝密的結構設計。這款助行器的主要支柱不夠堅固，在承受一定壓力之後就會折彎，將無法通過德國技術監督協會（TÜV）的品質認証標章。

幾經思考後，我認為這批貨品完全沒有價值，因為它既不安全也派不上

責任與認同感，將隨著密集投入而增長。

用場。那麼，該如何才能提高它的價值呢？我搬了一台助行器到樓下去，跟生產部主管請教各種問題：「可以在助行器裡焊接輔助強化的鐵片嗎？要怎麼裁切出尺寸相符的鐵片？它得要多厚？需要幾個焊接點？公司裡有多的鐵片可運用嗎？我們還需要多少鐵片？誰可以做這件事？何時能完成？成本多少？讓我們來算一下……」

很快地，我帶著估算結果去找我的上司，向他說明這批助行器的銷售成本與所需條件。他同意後，我開始執行修補計劃，問題解決了！一整個貨櫃的助行器，沒過幾天就賣光。雖然獲利微薄，但是我們已經學會如何在降低損失的前提下，完成工作任務。

這個結果是否為我帶來成就感呢？是的，但不是從一開始就有成就感。這項任務有意義嗎？是的！我受到鼓勵了嗎？是的。

花心思研究任務，把它變成我的責任，這段過程讓我克服了最初的反抗心態。我可以決定如何面對工作，每一項任務都是新的開始。這個事件，讓我找到了自己的定位，也讓我培養出解決問題的能力。

難道公司不必負責「找定位」嗎？事實上，當上司將任務交給我，賦予我研究改善之責的時候，就是在找定位。而我為了完成任務，便需要合適的工作條件與資源。我本來就擁有解決問題的資源，可以在此基礎上執行任務。因此，我理當接受這項工作，而不是在還沒嘗試之前就先埋怨。

追求幸福

關於在工作找尋動力及自我，電影《當幸福來敲門》（*The Pursuit of Happyness*）裡有觸動人心的探討。威爾．史密斯（Will Smith）飾演的主人翁賈德納，人生中面臨了一次又一次的挫敗。這部片總長一百一十三分鐘，而賈德納則是顛沛流離了整整一百一十分鐘：離婚、破產、獨力撫養兒子、失業、失去住處、當無薪實習生、吃窮人救濟餐；他竭盡一切努力，生活卻不見任何改善。

我看這部電影的時候心裡想著：「差不多了吧？他的遭遇悲慘得令人無法接受，接下來也該發生一些正面的事了！」事實卻不然。

有一點引起我的注意——賈德納從頭到尾都沒有放棄自己，他也不認為別人應該為他的命運負責。他有的是機會，可以向妻子、上司、房東、國家、命運、全宇宙抱怨不滿。沒有人幫他脫離人生的混亂。但是，賈德納並不放棄自己，反而時時刻刻一肩挑起自己的責任。這讓他傾家蕩產，甚至負債累累。我對這個角色的印象非常深刻，它竟然還是真實故事改編的。

一直到電影最後三分鐘，賈德納的人生終於閃現救贖之光。他通過考試，得到了一份報酬不差的工作，人生開始平步青雲。

我內心吶喊著：「我的老天！只有三分鐘，至少也應該給十五分鐘嘛！正面的劇情要長一點才能激勵人心……」

不過，這部電影正因如此而深植我的腦海。

＊

每家公司都是世界上最棒的公司。為什麼？因為你在那裡工作！

這句話聽起像不像隨處可見的「激勵小語」？

這句「激勵小語」，至少說出一半事實：人們必須而且能夠自己找到工作的原動力。方法是把心思集中於待解決的任務，並且心甘情願付出時間去執行。另外一半的事實是：企業應該讓員工意識到自己的定位。它要提供員工合適的工作條件，好讓他們能做好這份工作。當員工愈能體會到自己的責

企業應該讓員工意識到自己的定位。

任，他們就愈能夠自我激勵。

我認為，勞資雙方都要達到這種專業程度，並且維持平等的關係。**「激勵」並不是上司的責任，也不是員工自己的問題，每個人都要全力以赴，也要清楚自己的影響力，而不是把問題丟給對方就好。**

稱讚我！

德國從十九世紀開始就有個慣例。小學一年級的新生，在入學當天會獲得一包裝滿糖果的禮物袋（Schultüte）。住在薩克森邦（Sachsen）、突林根邦（Thüringen）地區的人告訴孩子，學校裡有棵糖果樹，當樹上的糖果「成熟」時，也到了他們該上學的年紀。

這種「貨真價實」的激勵系統，能幫助孩子提早做好由幼兒園轉入小學就讀的心理準備，而且也讓父母們鬆一口氣。因為糖果禮物袋讓孩子們充滿期待，因而忘了第一天上學的恐懼。這種方法效果不錯，後來就傳遍了整個德國。

不過這項傳統如今有點走樣，效果也減弱了。因為這些新生學童家中的弟弟妹妹們，一看到哥哥姊姊拿回的糖果禮物袋，就會用悲傷的小臉向父母親抗議不公。孩子一旦學會就不會忘記這種索討的技巧。

那麼，父母在此時該如何反應呢？假如他們明瞭發送糖果禮物袋的特殊意義，就能夠向幼孩解釋：「等你長大時，就會有糖果禮物袋了呀。現在哥哥（姊姊）先上學，所以先拿到禮物袋。」小孩子可能還是會表露出幼稚的情緒反應；他們本來就得學會消化自己的挫折感。不過這一點只有聰明的父母才願意忍受。

如果父母不知道糖果禮物袋的作用，就會隨手買個小糖果禮物袋安撫幼孩。這通常也是為了彌補自己太少陪孩子的罪惡感。但是，這麼一來，父母就是把自己在社會上學到的那一套原則教給了孩子──「只要你表現出難過的樣子，就能對掌權者進行道德控訴與情感勒索，那麼，別人得到的東西你也會有一份，即使還輪不到你。」表面上看起來，這是一種高明的「社交」技巧，實際上卻不然。

我們老早就學會如何得到關注，即使那不是自己應得的。小孩可以哭鬧索討，但成人這麼做就丟臉丟大了。假如你是握有調薪權力的高階主管，也許你曾經歷過某個員工向你表示想要加薪，旁邊忽然冒出其他員工，喊著：

我們老早就學會如何得到關注，
即使不是自己應得的。

「我也要！」

這就像是一個人看到別人開跑車，就忙著喊道：「我也要開跑車！」完全不考慮自己是否負擔得起。這種想法為銀行貸款部門創造了多少業績？他可以分期付款或申請租車，並向旁人宣稱「車是我的」。真是名不符實啊！事實上「再過兩年七個月又三個星期，這輛車就得還給銀行」。不論是車子、房子、矽膠或肉毒桿菌，全都透露出「我想要，而且立刻就要得到」的思考模式，無論是否有能力。

公司裡也常見到這種有所求的心態。當員工認為該受稱讚，主管卻無所表示或只讚許了另一位員工時，這位員工就會想：「這不公平！我上禮拜也工作了四十個鐘頭呀！他應該稱讚我。」為了獲取應有的獎賞，這名員工可能會採取各種技巧，例如小時候學到的——運用表情、肢體語言、負面情緒展現不滿；或是私下抱怨上司不懂得肯定員工，讓他心情「永遠」處在低谷；或者週五故意提早下班，看有沒有人發現他沒把工作完成，諸如此類。

荒謬的是，不只小孩，就連成人都深信，這麼做是在爭取自己本應有的權利。他認為自己是在爭取權益，讓每個員工得到公平的稱讚，這樣才公平！

令人驚訝的是，這種做法還真的有效。

該怎麼解釋這種行為呢？獲取不屬於自己的東西，這難道不是「偷竊」嗎？

樹葉編成的裝飾品

要理解「稱讚」行為，就要先研究「稱讚」這個字。詞源學家發現，德語的 loben（意指稱讚，動詞），是由古德語 lobon 演變而來的，原意是「讚揚、歡呼、嘉許」。它表示強烈的正面情感，卻鮮少被使用；基本上並沒有「順便稱讚、經常稱讚」的用法。

詞源學家深入研究該詞之後發現，它源於印歐語系，與Laub（意指樹葉，名詞）的字根一模一樣。可能是因為古代人為了要嘉許從戰場上凱旋而歸的英雄，而在村裡高掛枝葉。此外，考古學家普遍認為，過去日耳曼人舉辦歌頌英雄事蹟的慶典時，也會使用樹葉來編成裝飾品。

由此可知，「稱讚」和「英雄事蹟」有關，不是把份內工作完成就能獲得稱讚。甚至就連上場作戰的人，也未必能受到稱讚，只有當他締造了英雄事蹟、凱旋而歸之時才能獲得嘉許。

如今，那些要求主管稱讚自己的人，其實是在說：「把我當成英雄吧！我應該被當成英雄！」

然而，唯有真正做了大事的人，才有資格被稱作英雄。

如果把這個原則運用於職場上，那就意味著要做出為公司帶來助益的過人表現。儘管不是立刻被發現，但也不會永遠被埋沒。能夠堅守崗位且持續表現的人，一定會有被注意到的一天。只要周遭的人注意到了，待時機成熟之時，你就會得到讚許，這一點你毋庸懷疑。

但如果你的表現並不顯著，那麼稱讚就只是個虛假的表象而已。

經常鼓勵、稱讚員工的主管，只是為了表示對員工的尊重。員工卻錯把稱讚當成尊重人格的唯一表示。當那些無須讚賞的事也能獲得讚賞時，就會減弱「稱讚」的價值。當村民只是到噴泉那裡取個水，便受到頭戴桂冠的讚揚，他就不會笨到把自己累得半死去為全村鋪設水道了。

把榮耀看得那麼容易的人，會影響榮耀真正的價值，他只會讓一切變得廉價，而無法創造更高的價值。

只有真正做了大事的人，才有資格被稱讚。

持續展現能力的人，一定會有被注意到的一天。

我們不是一家人！

有個員工被主管要求去打一通重要電話給客戶。任務的重點在於，要在一週內處理好幾件急事，以便與合作夥伴針對某項結果作出共識。員工表示聽懂了，接下任務。

一週過去了。這位主管開始疑惑，為什麼他沒收到任何後續消息？詢問後才發現，這位員工根本沒有進行電話會議。根據紀錄，他的確嘗試打過三通電話，只不過都是在客戶的語音信箱留言，他還把細節寫在電子郵件上寄過去。他很努力，而現在必定也想從主管的口中聽見「做得好」的讚許。雖然最後沒有做到預期的結果，但這並不是他的錯。他認為自己已經付出那麼多努力，值得被稱讚。

這位員工並沒有意識到——他其實沒有達成任務。他努力了嗎？努力了。達到目的了嗎？完全沒有，零成果。他只看見他做的：打電話。對，他當然打了，且試了三次，但是沒結果就是完全沒價值。他忽略了最重要的一件事：主管要求他處理的急事，一點進展也沒有。更糟的是，他還因為沒被稱讚而失望。

把榮耀看得那麼容易的人，會影響榮耀真正的價值。

為什麼主管和員工看事情的角度不一樣呢？這種誤會來自於社會規範與市場規範的混淆。

市場規範就是市場原理：為別人工作帶來成果及助益，以換取實質報酬，這個世界比你想像得還要清醒且冷漠。而社會規範就是社交倫理：這裡比較溫暖，是由人和人的親近關係與聯合價值共同打造出的世界。市場規範彰顯出權力和統御力，而社會規範彰顯出認同及平等。為什麼我們在送禮之前，總要先撕掉價格標籤呢？那是為了合乎社交倫理。因為「價格」是屬於市場原理的東西。你一定認識這種人——他們在社會規範中表現良好，卻在市場規範裡遭遇挫敗；或是相反，在市場規範裡表現搶眼，卻在社會規範中遭受抨擊。

示弱、讓別人替你撐腰，這在家裡行得通，但會在職場上失靈。哲學家阿多諾（Theodor W. Adorno）對於社會規範的看法是：「真正愛你的人會接受你的缺點，不會利用你的優點來凸顯自身優勢。」但是在企業，這可是行不通的，因為不管多擅長交際，沒有入帳，就無法營運。

人類是社交動物，需要在生活中找到溫暖的歸屬感。然而，現實上很多人無法得到歸屬感，只好轉而到職場尋求。辦公室看起來像是個能提供歸屬

工作崗位，永遠取代不了家的地位。

感的地方，那裡的角落擺著觀葉盆栽、牆上懸掛歷任總裁的照片，還有冰箱及咖啡機。

但是，這全是假象，公司永遠不可能變成家！無怪乎有那麼多人，難以在工作和生活間取得平衡。他們無預警地出現職業倦怠，只因為把公司當成了家，誤以為那裡是保護自己的巢穴。

所以，請你同時注意市場規範和社會規範，這不是誰好誰壞的問題，兩者同樣都很重要，但我們多半習慣把重心放在其中之一。偏愛其一而忽略其一，將會讓人變得不夠成熟。工作與生活之間的平衡並不是白天密集、井井有條地工作，下了班就慢跑健身、喝杯小酒這麼簡單的事。假如我們把社會規範與市場規範搞混了，就會面臨沉重的情緒負擔。這兩者對生活都很重要，且都必須適地適量適時的遵守並感受。

所以，到底是什麼隱藏在這種「只在乎努力工作，不在乎效益成果」的態度背後？這種風氣對公司帶來的影響不算小。而且，在職場中要求「稱讚我」的心態到底又是如何形成的呢？其實也是因為把市場規範與社會規範混淆了。

員工想要獲得認可，希望受主管賞識，這是合情合理、合乎人性的想法，

把公司當成大家庭，是錯誤的想法。

但是在公司裡卻不太適合。因為那裡是由市場規範所主導。

一個人無論如何都值得被珍惜及接納。他可以向原生家庭、核心家庭、伴侶、朋友尋求歸屬感，在他們面前流露脆弱，獲得理解與安慰，為自己充電。如果家庭成員之間能夠互相扶持至今，那麼當然也會接受彼此的真實面，道理很簡單。不過，公司卻不具備這種機能。**職場並不是家庭的替代品，將公司當作大家庭實在大錯特錯。**

在公司裡你不能展現脆弱，因為那裡不是讓你充電的地方。你來公司工作是為了有所表現。等到哪天營業數字或成績下滑時，你就會發現殘酷的真相——公司不是你的家。

我要再次強調這二者的區別。在家裡，你可能只是因為碰巧在家，就能聽到「有你在真好！」；在職場，即便你做好分內工作，只要沒有為收益帶來任何貢獻，就不會受到稱讚。

陽光與雪

每當積雪開始融化，寒冬就要結束時，我就會期待春神再次為花園添滿綠意。十六度的春天算是很暖和的了，我總是頻頻望向水池，觀賞窗外自然之美。我也喜歡欣賞夏天的花圃，但卻不似春天那麼興奮，因為在春天來臨以前，大地還覆滿白雪，也許是反差帶來強烈的效果吧！嚴寒過後的溫暖使我特別嚮往。

反觀秋天，一樣都是十六度，我卻感覺到涼意。十一月、十二月，只要飄雪或氣溫降低，我便整天心情愉悅，因為夏天熱得連植物都要枯死了。當然，這也是由反差造成的。

稱讚與批評也是相同的道理。稱讚拉近了人與人的距離，是溫暖的表象；批評推遠了人與人的距離，是酷寒的表象。它們是相對的。認為稱讚就等於絕對的好、批評就等於絕對不好的人，就會去評斷那些本不該被評價的事物。這就好像認為季節也有好壞一樣，是毫無意義的分別。每個季節都會來臨，在自然的法則中，它們隨著時間而更迭輪替，因此才富有風情。

因為批評予人冷漠與距離感，所以稱讚製造出的溫暖、親切才更讓人喜歡。批評與稱讚的重要性是一樣的，而公司內部也須由批評與稱讚來推動運行。上司及員工都應該學習適當地運用這兩種表達方式。稱讚、親近、溫暖當然很美好，但是批評、距離、寒冷也不壞。要是沒有批評的襯托，稱讚就

稱讚是在批評的襯托下，才顯出價值。

不會那麼有價值了。

所以，請你多尊重那些看似冷漠、有距離的批評，它其實對你有益；但是別讓這份寒冷與距離填滿你的腦袋。**請看重你所成就之事，也看重你失手之事，唯有雙管齊下，你才能進步**。請珍惜支持你的人，也珍惜反對你的人，唯有如此你的內心才會成長。請珍惜成功，也珍惜失敗，唯有這兩者共同發揮效用，結果才會蔚然可觀——從人群中脫穎而出的強者、有影響力的效應、傑出的企業，都是如此磨練出來的。

「去紐約看一看，但要在它令你變得冷漠狠毒之前離開；去加洲看一看，但要在它讓你變得溫暖軟弱之前離開。」這是澳洲導演巴茲．盧爾曼（Baz Luhrmann）創作的歌詞〈人人都有（擦防曬霜的）自由〉（Everybody's Free(to wear sunscreen)）。他說到了重點：單單只有寒冷或溫暖都不好。人當然希望擁有好心情，但是只貪圖感覺良好也會讓人生病。我們需要體會冷與暖。

我們也需要批評、壓力、緊張。因為反向運動會帶來成長。

對我而言，這個反向運動，就是在我過了幾十年衣食無缺的富裕生活後，所發生的那場跳水意外。相較於得心應手的生活，癱瘓是個巨大的反差。

它讓我頓時失去成功積累的自信，每天都恐懼會成為別人的負擔。我不願意被人照料，然而我又是個四肢癱瘓的患者，我的雙腳完全癱瘓，雙臂和手掌則是局部癱瘓。只有極少數四肢癱瘓的患者能夠不倚賴他人全方位的照料。而我的目標就是要比那百分之九十九的人，活得更自主、更自由，包括那些脊椎嚴重受損的病人；我要成為金字塔頂端的百分之一，若非如此我活不下去。我願意付任何代價，不達目的絕不罷休。

也許你感覺得出我對自己極為冷酷，軍令如山似的逼著自己去傾聽內心的聲音。這與意外前過的輕鬆愉快的好日子，有絕對的反差。

我每天都為目標而努力，沒有糖果禮物袋、沒有稱讚、沒有拍肩或打氣。離開醫院以後，我立即搬到位於科隆的房子裡獨居，這完全超出我的能力範圍。我在自我懷疑與痛苦之中徘徊，什麼事都得自己來，連簡單的手部動作都算得上大事，我不斷遭遇挫敗。每天都能找到放棄努力的好理由，我總算理解那些自我懷疑、自我放棄之人的心情。其實，就算當時的我做得到，也不代表每個人都能做到。當我回頭看著過去的一切，簡直不敢置信自己能走到今天。我現在依然冷酷地面對自己，因為我有想達成的目標。並不是什麼偉大的目標，只是對自己的承諾，沒有比這個更強大的動力了。

對自己的承諾，是最強大的動力。

後來我決定主修運動科學，必須向教授們証明我有能力在輪椅上完成學業。進入職場，我更努力不讓他人包容我的殘障身分，靠著高效能而受到肯定。爾後，我以唯一坐輪椅者的身分，從十二名競爭者中脫穎而出。接著我創立公司，成為一名成功的企業家、培訓師、作家及講師。這一路上我所吃過的閉門羹，累積得如同高聳的冰山。挫敗幾乎天天上演，它讓我非常痛苦。因為每當我受到否定，都形同在啃食自我價值，儘管傷痛會慢慢癒合，卻不免留下傷疤。

如今，當我回想起來，只能說那已是我當時所能忍受的極限。要努力不懈、不責怪、不自憐自艾，實在不是件易事。可是因為我下定決心要走這條路，就得忍受所有的酷寒與距離感。最後我也得到了獎勵。

不知從何時開始，在苦行之後是排山倒海的稱讚、認可、好評、成功及賞識。就像牙根治療一樣，首先要深度清潔，接著就能用健康的牙齒，品嚐美味的食物。先是深深地向下紮根，打造地基，然後在上方建造高樓。我現在很幸運地擁有一個美好的家庭與圓滿的生活。我在生活中經歷各種溫暖，也享受著每一天。我清楚從谷底往上爬的路途是多麼崎嶇，也體會過許多人極力克服的那種孤獨寂寞。我不期望任何人來填補這份空虛，因為我們沒有

太在乎他人的否定，會啃食你的自我價值。

資格要求別人對自己的空虛負責。

這段墜落和東山再起的過程，造就了我成為一名企業主管的培訓專家。我知道如何把人心的掙扎、突破和可塑性，運用於管理層面；我知道從目標甲到達目標乙所需付出的代價；我知道每一個層級該如何繼續發展，這些經驗不僅取自於書本、演講及研討會，更是從真實生活中得到的啟示。正因如此，有些人一心只想迴避我，因為我讓他的藉口無所遁形。這點我也很清楚。

根據我積累的經驗和站上的地位，我可以肯定地告訴你：「**絕對不能迴避職場上的冷漠，不管你是員工或主管**。」冷酷無情、批評及距離都是好事，相對於我們所追求的溫暖而言，它們是重要的對立面。

這也意味著：不要輕易稱讚那些不值得稱讚的事，在適當時候給予批評。還沒有完成大事之前，不能期望別人的稱讚。

傳奇英雄

你當然想被稱讚，每個人都想。不要求別人稱讚你，又該如何得到稱讚呢？你必須帶來成果。

出色的成果，人人都看得見。

假如這樣還是沒被稱讚，怎麼辦？若不是你的老闆太大意（你該跳槽了），就是你的成果還不夠亮眼。出色的成果人人都看得見，無須討論。你可以參考演員丹尼．凱伊（Danny Kaye）的建議：「**讓事業創下高峰的方法有二，要嘛真的做出點成績來，要嘛宣稱自己做過什麼成績。我建議你採用第一種，因為真材實料的競爭比較不激烈。**」

順帶一提，成績指的不是成就感，這兩者也很容易被混淆。成就感是受到認可的感覺，它充斥人心，是每天點點滴滴的鼓勵；它是私人物品，也是讓人賴以支撐的營養品或旅行口糧，既重要又有助益。在你取得傲人成績的路上，你需要這些補給品，但是它對公司並無特別助益。而成績是每個人都看得見的事實。那些想要藉由成就感來獲得稱讚的人，顯然混淆了二者。

要求稱讚不單是一種自欺的行為，更可能造成危害。因為虛而不實將對公司帶來負面的影響。那位被要求稱讚的人也會變得依賴，雙方處於不健康的共生關係。員工要將主管的虛榮心玩弄於鼓掌之間是易如反掌的。主管會被引導說出：「來吧！這位同仁表現得不錯，他真有一套……」接著，作為交換，員工就要負責取悅主管。員工獲得了讚美，主管也能常保開心，因為這讓他感覺自己是很棒的主管。有的公司甚至因為這種風氣而走向破產，在

要求或給予不實的稱讚，
是在出賣自己的情感。

面臨艱苦的終點時，眾人仍舊自我感覺良好。

這裡的問題是出賣情感。整個局勢中，是誰在引導誰呢？是下屬牽著上司的鼻子走。所以我要再次強調，有願望及夢想的地方，就可能會有盲目及謊言。

為了遏止員工要求稱讚的行為，上司必須要有對抗工具——凡是想與你拉近距離的舉動，都不要正視。如果員工希望得到你的讚美，你應該告訴他，公司會認可哪些具體成績。不要談論工作內容，只要說明成績就好。接下來，你負責檢視他是否達到這些成績。當他成績優秀時你才稱讚，而這時的稱讚非常重要。

稱讚本來就跟行為無關，而是跟影響力及效益有關。請記住：我們是遊走在市場規範的世界，不是遊走在社交倫理的世界。讚美的目的是表彰員工的英雄事蹟及效益，包含：任務如何產生、企業過去情況、不可或缺的條件、實際英雄作為、解決任務的方法、過程中的困難、如何克服、如何排除最大阻礙而成功到達目的地。尤其需要提到的是：這件事為公司帶來哪些具體意義。

要讓稱讚發揮積極的鼓舞作用，關鍵在於留意事件前後的變化。倘若受

稱讚和怎麼做、做多少無關；
而是和成果及效益有關。

到讚美的人並未創下人人看得見的可觀成績，那麼讚美就毫無意義可言。身為主管，要知道這門藝術的精華是「歌頌英雄事蹟」，或者不要說得那麼壯烈，那就是「敘述創造價值的故事」，讓員工了解到締造成績的意義。

上司負責擘畫遠景，員工付出以達成目標。

若員工對這類稱讚並不買帳，原因通常有二：第一、不成熟、自認為不需要稱讚。這反映出心理上的軟弱，當員工自外於這套認可系統時，他就感到強勢且自主，實際上這顯示出內心的匱乏。第二、員工不欣賞主管。因為不認可對方，所以不看重他的稱讚、不想被他領導。如果是這樣，雙方就該好好談一談了。

在市場規範的世界裡，「專業性」是個美好的用詞。我很喜歡這個字，因為專業工作者會適時遞上成果，創造出可觀的成績時，他們就會舉手歡呼，也讓別人為他們歡呼。

回應我！

池塘裡有隻小鴨正在呱呱叫，鴨媽媽聽到後立刻回應牠；這邊的小鴨聽見了，跟著叫了起來，鴨媽媽隨即回應；那邊小鴨聽見了也開始呱呱叫，聲音此起彼落。

鴨子家族為何老是要呱呱叫呢？為了得到對方回應。小鴨的叫聲意味著：「我在這裡喲！」鴨媽媽回答：「我聽到了！我知道你在那裡，我在這裡。」其他小鴨的叫聲則表示：「媽媽在那裡，我們都聽到了，我們在這裡喲！」

呱呱的叫聲，讓鴨子家族成員向彼此通報自己的所在位置。如此一來，小鴨就可以確保自己是在媽媽保護的範圍內，而鴨媽媽也能清楚知道小鴨沒有游得太遠或遭遇危險。假如安靜無聲，鴨群反而會感到緊張、慌亂。

每一種生物都需要在社交圈中得到回應，而且還會發展出回應的文化。人類也是如此，只是比起鴨群要複雜得多。基本上，人們都需要獲得他人回應，藉此意識到他自己是誰，並且瞭解自己的處境。

這些回應不見得永遠精確，回應的內容更常透露出說話者個人的觀點。因此，盡量收集多數人意見有助於過濾掉極端的內容，是較為聰明的作法。這就是為什麼人們總是自然而然、甚至有些貪婪地渴求回應，如同池畔的鴨群，表現出合理的願望：「給我方向！」

各式科學研究皆已証實：在生活中得到太少或完全沒有得到回應的人，心理上會逐漸匱乏乾枯。如果嬰兒或小孩被放置在與外界隔絕的環境中，他們會因為缺少回應而心靈嚴重受創，甚至走向滅亡。心理學稱此為「剝奪症候群」（Hospitalismus/Deprivation）或「卡斯帕爾豪斯症候群」（Kaspar-Hauser-Syndrom）。在拉丁文中 deprivare 意為「搶奪」，當應有的回應被人搶奪時，只能轉而搶奪別人擁有的東西，這反映出社會大眾對於回應的需求。

換句話說，員工有權利要求上司給予回應。

人們有要求獲得回應的權利。

可惜人們時常對這個要求抱著錯誤的期待……

你竟然批評我！

很多盼望得到回應的人，其實不想聽到任何意見，而是渴望全然不同的東西。有個女性職員邀請我到他們公司去演講。通常委託我演講的單位，都會先把相關資料寄到我的辦公室來；我也會針對演說內容做足專業準備，好將全副精神放在台上，發揮預期效果。

要邀請以輪椅代步的演講者，事前準備工作當然比較多。為了讓客戶與我合作愉快，我會將接駁方式、飯店房間、講台構造、技術要求等細部資料，預先提供給對方參考。舉個例子，若客戶要派專車接送，那麼車身底盤就不能太高，坐椅高度應與輪椅同高，我上車時只需移動屁股就好。那種新款的高底盤車我就爬不上去了。最理想的是能將整台輪椅上載到車廂內的休旅車，因為要是每次都得拆疊我的輪椅，將會增加它故障的風險；輪椅對我來說尤為要緊，一個把手壞掉就能讓我無所適從，連帶地破壞整場演說。

飯店房間也必須事前打點，例如移除凸起的地毯，因為它的邊緣可能會

有時期待回應的人，
並不想聽到任何意見。

阻礙輪椅行進；淋浴間的龍頭必須放在較低處，否則我拿不到；肥皂盒應打開，否則我局部癱瘓的雙手無法打開它；沙發椅也要移走，因為我需要空間移動輪椅；書桌前的椅子會阻擋我在書桌前工作……諸如此類。

當然，我不認為每個人都知道我的需求，所以才會製作這張說明清單。我也希望對方能傳真回來，讓我知道他們是否收到我的訊息，誰是承辦人員。從過去經驗得知，假如沒有收到回覆的傳真，後果大多不堪設想。多數人都不知該如何張羅一位殘障人士的需要，而這張表格的解釋非常清楚，能夠使他們放心。

這些準備對我來說都是必須且基本的。我並不像瑪麗亞・凱莉（Mariah Carey），她到倫敦拍廣告時也列了張清單：二十隻小白貓、一百隻白鴿、八十位保安、蝴蝶形狀的粉色碎紙片、在粉色平台上鋪好粉色地毯、勞斯萊斯座車、行車需經過購物中心。而她還強調自己不是那種講究排場的女明星……

我不需要排場，只是合理地要求對我來說方便的事項。

這回，我收到了傳真回覆。那位負責安排演講及接駁住宿事宜的女性職員，跟我確認她收到了表格，並且全部都安排妥當。但是整個過程卻不如往常順利。到機場接我的計程車座椅過高，我拒絕上車，表示要換乘別輛；那位司機與我激烈地大吵，他認為我應該為此誤解負責，態度很不友善。

飯店房間也沒有做好準備。當我進入房間時，立刻知道這不是為輪椅使用者準備的房間，而且它不是禁菸房，緊臨嘈雜的電梯，我得向飯店提出換房要求。如果我要在演講當中表現良好，我就需要有品質的睡眠，而且需要方便的房間。換房花了飯店人員整整一個鐘頭，也浪費我不少精力。

飯店到底有沒有被通知準備合適的房間？在這個節骨眼上已不重要，結果才是最重要的。一切都很令人生氣，我實在無法欣賞這種做事態度。但既然事情發生了，我也不想追究，只想專注把工作做好。

第二天來接我的計程車雖然座椅高度較低，但不出所料，它也不是複合式汽車。不管了！我準時抵達公司，期待上台演講。到了門口，那位負責安排一切的女性職員友善地歡迎我的到來。她問我：「路上如何？一切還順利嗎？」

第一個問題是客套話，但第二個問題中，她清楚期待我的回應，畢竟她是安排這趟行程的人。我認為每個人都有權利聽到誠實清楚的回應，所以我告訴她：「不順利。」

她很驚訝，想知道為什麼不順利。我平靜且不帶責備地向她說明，這一路上發生了什麼事，我認為這對她來說是重要的訊息，而她也會感興趣。

但是，她卻激動地自我辯解，她說她明明都安排好了……把所有細節都交待好了……這一切不是她的錯，因為……

我不想追究責任，也不想帶給她任何罪惡感。她問我，我就誠實回答。她在這件工作上明顯不及格。這種結果，應該負最大責任的是她。但是當她聽到我的回答時，只是急著把責任推給其他人。

她想得到平反。難道我不認可她盡力遵照指示而做過的努力嗎？難道我看不出這不是她能掌控的嗎？

她覺得難受，我能理解。但是她想要盡快恢復好心情，並且希望我能替她恢復情緒。我認為我不必為她此刻的感受負責，會變成這樣是她的疏忽造成的，我只是個根據她的問題，誠實回答的信使。

當她意識到我沒有幫助她恢復情緒的意願時，她決定反擊——「如果你不讓我心情變好，我也不會讓你好過」。

戰火一觸即發，她的語氣也充滿距離感。她開始怪罪我讓工作變得很複雜，而當他人努力配合我的特殊要求時，我還不懂得感激……

沒錯，我承認她努力過，她也很有心，但結果不理想。對此，黑貝爾（Christian Friedrich Hebbel）[13]有一句話說得很好：「**你可以從一個人辯解的理由，來認識他的為人**。」我不會把這位女士及其公司的名字說出來，不過我也不意外，這家公司在過去幾年並無獲利。如此不負責任的行為，以及要求別人取悅自己的做法，大多是深受自身企業文化的影響。

這個例子讓我們瞭解到，人們及企業文化對於「回應」所持的態度——回應必須是好的、正面的，如果回應不如預期，他們就會劍拔弩張。

他們要的根本就不是回應，不是確切的意見、不是對其工作成果最貼切真實的描述；他們要的只是感覺良好的認同、「一切都很順利」。這就是癥結所在。他們把回應誤認為是稱讚：「看看我做了什麼。我還不好嗎？我的做法難道不合理嗎？」

有個騎士策馬前往位於陌生國度的城堡。他看天色已暗，他也感到有些疲倦，想趕在日落前抵達城堡。此時，他發現路邊房子前有個老人。

騎士開口詢問：「這是到城堡的路嗎？離那裡還有多遠？」

老人搖搖頭：「大人啊！您迷路了。到城堡的路是另一條才對，您應該是走錯了岔路，現在從這兒到城堡還要半天，您得找地方過夜。您走錯路

很多人把「回應」誤認為是「稱讚」。

啦！」

結果這名騎士竟然拔劍殺了老人。他心想，「我沒錯啊！這種回答真不像話！我都走了一整天了，還要被你這糟老頭給惹毛……」

針鋒相對

回應不是稱讚、認可、賞識或關注。它可以包含以上這些意義，但不必然要相等。如果有人把我形容成「混蛋」，這也是種回應。關鍵在於我怎麼解讀它，我有詮釋回應的自由。

回應可以是正面的、中立的或負面的，它是針對我的表現所給予的意見。稱讚則是一種肯定的回應，它傳達的意思是：「很好，繼續發揮更多潛力。」認可的意見讓我瞭解到，對方已經清楚感受到我的作為，並且透過評價向我表達他的立場：「我覺得你做得很好。」而帶有價值尊重的回應是指我的表現適當、條理分明、有價值、井然有序、值得受到賞識，它意味著我

13黑貝爾（Christian Friedrich Hebbel）：出生於一八一三年，德國有名的劇作家與詩人。

我有詮釋回應的自由。

的作為已經發揮明顯效用，並不是我成功地刷好牙來上班就可以受到賞識。帶有價值尊重的回應能提升自我價值。缺少自我價值的人太多了，所以他們非常希望得到賞識。而帶著關注的回應則是注意到細節、微小出入，它代表這位給予關注的人是清醒謹慎的，他注意到了我的存在。

回應在本質上只有一個目的，就是讓我更了解自己。而是否詮釋這項回應、是否接受這項回應的權利，則要由我自己決定。

回應讓我繼續進步。回應是一種教育，透過它，我能夠清楚知道外界的想法，並且與我的想法達成平衡。回應指出方向，讓我能夠成長。生活或生活裡的回應，就是我人生的導師。

然而，對他人的回應置之不理或太過在乎他人的回應，都不明智。

我有一位對我非常嚴厲的老師，經常讓我筋疲力竭，他的做法就好像是「先剁碎你的心，再讓你自己拼起來，看看你能從中學到什麼。」

有一次，我和老師一起舉辦研討會，過程很順利，我們也幫助許多與會者改善個人發展。我們獲得滿堂采，特別是我的表現，被認為首次超越了我的老師。

研討會結束後，我們和另外十位工作成員坐在一起。我的老師突然當著

別人給我回應的唯一目的，
就是讓我更了解自己。

所有人的面，朝我破口大罵。他直接切入主題，從我犯過的錯開始秋風掃落葉，罵了整整半小時，中間我一度得走到外頭呼吸新鮮空氣，因為實在太難受了。當我回到座位上時，他又繼續責備我。儘管非常困難，我仍逼自己承受一切。不過他確實一針見血、辯才無礙。他的話語將我推到忍耐的極限，但我沒有反駁，只是接受了他的回應。

當我接收到這項回應以後，我開始檢視它的內容——什麼是我可能需要的建議？什麼會讓我進步？什麼是對的、什麼不對？什麼是我絕不該犯的錯？**我今天之所以能夠成功，完全歸因於兩件事：看清回應，並且去蕪存菁地吸收裡面的營養**。有句話說得好：「回應是冠軍選手的早餐。」

我能夠選擇如何解讀那些回應。認為自己高人一等，或是自卑地走向毀滅；要讓回應成為幫助或傷害，都是我的自由。

當然，我也能夠利用它讓自己成長。問題在於我對自己是否誠實。因此，這裡必須再度回到「自我負責」的問題上。這句話對我來說太重要了，我甚至把它刺在我的右肩，以便每天看到它。這個刺青 Illusion der Wahrnehmung 指的是「感知錯覺」，它隨時提醒我要小心看待／詮釋／釐清事物。

回應是否能讓你成長，
端看你是否能對自己誠實。

只聽自己想聽的回應，無異於期待被人肯定。但是濫用回應，對自己只有壞處。

*

主管當然可以給予員工批評，不過批評的內容至少要有百分之八十是直指問題核心。高度命中率絕對能讓有心改變的員工進步，這是我十五年來輔導企業轉型所累積的經驗。

另外，回應最好能在短時間內製造效果，幫助員工盡快釐清工作，正所謂打鐵趁熱。主管可以連續給予回應，或者說，必須要連續給予回應，即使員工並未要求也要給予。主管的義務就是連續給予回應，而且這麼做將使人感激，因為它能創造出健康的回應文化，帶來正面效果。不過，許多公司卻對回應文化帶著誤解。

在擁有健全回應文化的公司裡，主管們會意識到自己有責任清楚地回應員工，而員工也能自行解讀回應。

這兩者都不是理所當然，所以時下流行的「三六〇度回饋」（360-Grad-Feedback）有其缺失，因為全面回應機制的前提是每個人都能給予及接受回應。事實上這真的辦得到嗎？

如果有個主管要求一群不負責任的員工負起責任，這群人就會給這位主管負評。相反的，一群主動負責的員工，則會給這位主管好評。

一個還不曾負擔領導之責的人，怎麼能判斷主管的優劣呢？他們頂多是根據自己的感覺，來評量一位主管是否符合他認定的資格。

我的女兒曾經跟我抱怨新來的德文老師教得不好。我問了幾個問題，便發現那位女老師的教學方式不是我女兒想要的方式，而這竟然成了她抱怨的理由。

沒有教學經驗的學生，該怎麼評鑑老師的好壞？

如果評量者與被評量者都有能力做出專業的回應，那麼「三六〇度回饋」就有益處。不過，人們可能得先取得「回應許可證」，否則回應就不太具有說服力。因此我不會讓部分員工回應公司的轉型計劃，純粹只是因為他們對轉型沒有概念，不知道在轉型初期、中期及過渡期間，有哪些重要或決定性的因素。他們的回應對我來說當然很重要，但這些回應當中，並沒有專業的評價。

接下來我想指出一個常見的錯誤。人們在選擇企業顧問或講師時，經常

有能力的人，才能給出專業的回應。

只憑著對此人的印象，而不考慮他們實際上的能力。人們把「感覺」看得比「效果」還重要，這就好像是要求對方「幫我洗澡，不過別弄溼我的身體」一樣。近來這種情況稍有起色，真是所有參與者的福音！

有能力的人所給予的正負評價，才更具有參考價值。當你在職場上持續發展，累積權力及影響力之後，你就很難獲得真誠且一針見血的回應了。這種「金玉良言」往往最為珍貴。員工對於上司所給予的回應，也應抱著感恩的心來聽取，至於那些回應是否容易消化，就要看每個人解讀回應的能力而定。

謙卑的勇氣

該怎麼接受回應呢？你必須帶著勇氣，尤其是面對不想聽的回應時。剛開始先用耳朵去聽，不需要立刻接受。這二者是有區別的！等你深入思考分析之後，再接受也不遲。這段過程說不定比想像來得更久。接收一則回應就如同探看一面鏡子。鏡子只是個中立的物件，但是鏡子反映出強力的事實。

損益平衡表或經濟評估也是一種殘忍的回應；足球隊排名是清楚的回

對每個回應都要心存感激，
無論它是否容易消化。

應；成績單、薪資單也是；顧客或主管也可以對我的工作表現，提出冷酷的回應。

忍耐著不去辯駁是需要勇氣的。如果想要將回應化為成長的養分，我就不能高高在上的看待那些回應我的人；而是要放低姿態，謙卑聆聽評語，若這些評語有道理，我大可欣然接受。接受回應，需要有一顆謙卑的心。

一聽到負評就跳腳、想把過錯推給別人，完全是人之常情。但是請不要衝動或逃避，而是和自己站在同一陣線捫心自問：「這樣的結果，有哪個部分是我造成的？」接受回應就是檢討自己該負的責任，不縱不枉。

某個和我在同一個健身房運動的人，有次沒好氣地抱怨我不跟他打招呼。我們常遇到對方，我也和他聊過幾次天，但通常不會特別打招呼。他說，我就好像喪屍一樣在健身房裡四處遊走，做為企業界名師，我是在樹立壞榜樣，所以他絕對不會買我的書。

他正在對我開炮，而當下我該做的是聆聽且思考。他說的沒錯，我健身時是看不見周遭，也不想觀察自己以外的事，更別說聊天了，唯有如此，我才能在生活與工作間取得平衡。他認定我是失禮的人，這並不對，不過，他所說的的確屬實。

帶著謙卑的心接受回應。

我向他解釋了我的想法，他也不想聽，而是繼續言語攻擊。他的感受是真的嗎？是！我總是這樣嗎？不是！他對我的人格以偏概全嗎？是！他想要把他感受到的拒絕歸咎於我嗎？是！這是我的問題嗎？不是！我只好任憑他評價，無論會如何發展。

不過，假如可以的話，當我再次遇到類似情形，我該怎麼回應呢？我又該怎麼讓對方做出我期待的回應呢？我應該給予世界什麼，才夠得到更好的回應？

當你關心回應的效果，而非只是為了獲得認可時，回應才會帶來助益。在懂得回應的藝術之後，每個回應都變得價值非凡！你也會逐漸了解真正的自己。

這是多麼好的一份禮物！

回應指出你該負的責任。

確保我的工作！

有個工會的幹部實在是聰明絕頂！我說的是真的，並不是在諷刺。記得那是在柏林發生的事。我坐在攝影棚前的等候室，和前德意志銀行（Deutsche Bank）董事會主席希爾瑪．庫柏（Hilmar Kopper）、政治人物諾柏．羅根（Norbert Röttgen）及歐寶汽車（Opel）的職工委員會長萊那．艾能克（Rainer Einenkel）等著依次被叫進化妝室，我們即將錄製法蘭克．普拉斯柏格（Frank Plasberg）的現場直播脫口秀，他的主持風格強硬，立場卻很公正。這次的主題是「團結勝於利潤，話是不錯，但難道不是共產主義嗎？」普拉斯柏格顯然是想挑起左右派的政治論戰。當攝影棚裡有不同聲音，就會出現生動的唇槍舌戰。對觀眾、節目、收視率來說都是贏家。

「團結」和「利潤」看似對立而互斥，其實它們更常互補。不過節目的重點不是釐清哲學概念，而是要吸引觀眾興趣，創造收視率。觀眾會根據節目內容及主持人的表現對節目評分，收視率也隨著兩方人馬對立的程度而上升，辯論得愈厲害，情緒就愈高漲，收視率也就愈高。

節目是這樣安排的：讓成效至上的企業代表團建立一道右派資本主義防線，為其貪婪辯白、並責怪那些從中阻礙或有意踩煞車的人。我的角色照理來說是瘋狂追求成效的成功人士，雖然身體有殘缺（偏左派）仍不輕易放棄，所以能夠以高成就人士或經理人專家（偏右派）之姿，來評論可憐的員工。反之，工會幹部及「小人物」就負責守住左派社會主義好人防線，對他們而言，經濟學家就是令人不齒的剝削者。至於主持人，就好像鬥雞比賽的主辦人一樣，鼓吹兩派向在場觀眾拉票，宛如現代羅馬角力戰。

不過，這場分裂計劃卻沒有成功。

我認為得要歸功於那位來自波鴻（Bochum）的聰明職業工會會員。當時我身為一名年輕經理人，總覺得所有的工會代表都是阻礙，但事後我終於明白，他們當中，多的是熟知全球市場經濟法則的人。明眼人對他們的角色看得一清二楚，也能意識到他們的發言將會達到什麼效果。

「團結」和「利潤」相輔相成。

而這位工會代表——艾能克的發言，並非陳腔濫調。在等候室的時候，他就已經解除了左右派、上下階級的對立。他熱情地跟希爾瑪・庫柏聊天，內容是有關歐寶及美國的總公司，他們討論到經濟危機及就業穩定度。

艾能克明白，只有在波鴻的歐寶車廠建造出性能良好的汽車，並且確保每一輛車子都能獲取固定收益時，車廠裡的工作才有保障。他知道公司獲利不佳時，必須大砍人事成本。即便如此，他仍奮力對抗他的母公司通用汽車（General Motors），並且動員基層員工對抗大老闆，以確保工作。為什麼他要這麼做呢？

我驚訝地發現，艾能克的想法不同於多數人及我的推測。他並不認為解僱員工是大忌！他說：如果歐寶的主管是個滿腔熱血、了解歐寶價值及長年傳統，並且想把它推向二十一世紀的人，那麼，他就不會極力爭取保障工作權。假如主管對未來有投資的想法，他願意為大局著想，配合解僱員工政策。但是，美國總公司的做法卻讓他不能忍受——這位歐寶的主管對車子既沒興趣也不關心，像他這種沒有作為的人被派往德國，以便執行公司的節約政策，完全不考慮品牌定位及發展，他實在看不下去。

至於希爾瑪・庫柏，這位前德意志銀行的大老是怎麼想的呢？他竟然點

貪婪是人類必要且自然的驅動力。

頭贊成。隨後在節目中，前資本主義大老和工會領袖竟然建立起精神陣線，肩並肩激動地宣揚：「貪婪是人類必要且自然的驅動力。」他們並未主張更多工作保障權或削減經理人的權力。

就像我說的：這位工會幹部非常聰明。

所有事物都是一體兩面

要求保障工作權的背後，究竟帶著什麼目的呢？這和當初我到聯邦國防軍報到時，我父母的想法沒有兩樣：「兒子啊！好好地待在軍中盡你的義務吧！這樣你也會受到照料。」

受到照料，多美好啊！一切平靜安穩，有人保障我的生活、照顧我，就像待在母親的子宮裡一樣，維持永遠的三十七度及二十四小時全方位服務。宛如「退休生活」般，讓國家照顧我，每個月付我退休金、為我解決疑難雜症、提供無微不至的照料。

我們渴求這樣的生活。我們彼此問候：「你什麼時候退休？」「你幾歲成功退休的？」「你什麼時候才能讓國家照料，不必再繼續打拚？」

然而，人人心知肚明：我們無法走回頭路。自從臍帶被剪斷之後，仰賴供養的日子就結束了。單純就補貼額度來看，國家不可能供應所有人的退休生活及老後照護需求。退休人數攀升太快，而勞動人口成長太慢。該怎麼度過這段青黃不接的時期呢？難道強勢的總公司不能照顧我們？難道國家不能照料我們嗎？我們需要有更完善的工作保障及解僱條件。

這種想法是將人類分為創造者（供養者）與受害者（被供養者）兩種。創造者是剝削他人的實業家；受害者是實業家仰賴的勞動者。問題是，當今世界不再是如此運轉，實業家的時代已然過去，所以也不再需要與實業家對立的「好人」，我們必須用更多元的眼光來看待這個世界。

為什麼被解僱就自動等於受害者、輸家呢？如果企業家必須妥善衡量機會與風險，並且持續評估，那麼僱員也可以這麼做。解僱在現在也代表了機會，到其他公司、城市、產業繼續發展的機會。

從另一個角度來看：為什麼德國強而有力的法定解僱保障權，對企業家而言是阻礙呢？我雖然常常在國外聽到「在德國當企業家是世界上最瘋狂的事。僱用一名員工要負擔太多，永遠無法擺脫他」這樣的說法，不過，德國高度保障勞方也對企業本身有益。沒有任何德國企業會單憑心情好壞，就隨意地僱用某個人。國家強迫資方在雇用員工時，就要為其承擔極大的責任，因此企業必須仔細評估自身所需的人才，以及是否需要聘用，然後試著與員工相處磨合。在承擔長期義務之前，勢必要先謹慎觀察他是否適合才行！德國沒有「先試用，再解雇」（hire and fire）的做法，德國的雇用哲學是永續經營。

這種深思熟慮再下決定的做法非常適合德國。美國人行動快速，但也相對膚淺，所犯的錯也較容易更正。德國人的行動是經過反覆評估，因此較有效用，因為我們看得長遠。

如果員工不會遭受不當解雇，或是企業跟工會達成的工作保障協議，能促使企業對決策負責的話，那是再完美不過的。這麼做並不會對企業造成妨礙，也值得讓業主冒這個險。不只是市場上的機會與風險必須深入探討，員工本身的機會與風險也是，儘管它費力但能達到公平性；我可以接受這種主張。

另一方面，我也認為員工不應該一味地向公司索討，因為現在的企業已經無法再提供什麼保障。而且問題是，我們的工作究竟需要多少保障才夠呢？

現在的企業已經無法再提供安定保障了。

一半就夠了

我的上一份工作是在一家規模龐大的國際公司擔任高階主管。為了得到這份工作，我向舊東家提出辭呈，決定離開那家讓我一路往上爬的中小企業；我也搬了家，再次踏出舒適圈，希望再度衝刺。對於以輪椅代步的人來說，這是很大的變動。在我列入候選的十間房子名單裡，只有一間允許輪椅進出，而且稱不上是適合輪椅使用者居住的房子。我很喜歡這家公司的工作，但隨著時間流逝，我愈來愈不喜歡我的直屬上司，顯然我們在工作方法與價值觀上有歧異。我不願服從他，所以他用技巧性的方式針對我，處處找我麻煩。這對我的情緒造成極大負擔，如今我更能看清整個情況了。他過去是優秀的銷售員，但卻不是個優秀的領袖。他對於溝通及他人發展絲毫不感興趣，只想利用權力與支配欲來行事，缺乏洞察力與明確性。他想要聽話的員工，而不是有思考力的員工。基本上，在我的眼裡，他根本就擔當不了這個職位。

這時我跟每個員工一樣，都有三種選擇。第一種是和他對抗，試著鬥垮他，那麼我們其中一人遲早會走。頑固如我，早就有過幾次成功對抗經驗，這種行為一方面需要破壞性的能量，另一方面也助長了這種能量，長期下來只會對企業帶來損傷，我不想這麼做，因為相較於個人存在感，我更重視我對公司的責任感。

第二種是表面服從他，對他視而不見，如此一來，我就可以安然度日。這雖然能讓我的收入穩定，但同時卻使我心靈停滯，違背了我想衝刺事業的初衷。

第三種是做我想做的事。就算結局可能出乎意料，也好過無止盡地擔驚受怕。辭職走人、獨立創業的路，是最不穩定且風險最高的，卻也是機會最多、最刺激的路。

最後，我選擇了第三種方法，並且尋求律師協助。為了終止合約，我和公司高層做了交易。我的律師是勞方專家，也是精明的謀略者，他始終能為委託人爭取最好的結果。他替我打電話、評估、協商、詳讀合約內容，最後自信地對我說，我的工作合約對我相當有利，他認為在這種情況下，我們可以訴諸法院，甚至贏得雙倍年薪。

我手裡握著一副好牌，雖然官司程序需要花費數月，但是報酬頗豐。我仔細衡量自己究竟想要什麼？什麼是最重要的？若要自行創業，一年後應該已經萬事俱備，不需要浪費時間和精力去爭奪。對我來說，冗長的訴訟程序反而麻煩，而且我到底需要多少創業資金呢？我計算出的數字，大概是我能爭取到的遣散費的一半，即便從法律層面來看這是我應得的金額，但我其實不需要那麼多。

再來，就是胸中窒悶的感覺了。這家公司的高級主管因為看重我而聘請了我，只是他們做了錯誤的決定，派了無能的上司來領導我。這種錯誤偶爾會發生，而且高級主管必須對此負責。但是我並不想利用這一點來爭取更多的遣散費，好讓我無後顧之憂。我想要的只是自由。

於是我告訴我的律師：「我只要一半的遣散費，而且立刻就要。」我想在半天之內得出結果，之後我就跟這家公司分道揚鑣，恢復自由之身。

我的律師一臉疑惑地看著我，好像我哪根筋不對似的，他懷疑我沒有考慮清楚就丟掉了手中的王牌。

我當然考慮得很清楚。一個小時過後，事態就明瞭了。

現在，我很慶幸自己還能坦然面對當年的主管。不論從前或現在，能夠清楚誠實地往前走是很重要的，不要留下任何遺憾，即使分離偶爾讓人痛苦，但分裂會讓雙方都受到影響。我決定爭取部分權利、放棄部分要求，這麼做再正確不過。

我相信生活中的許多對手，將來有可能會成為合作夥伴。如果能夠以旁觀者的角度來看待自己，就能意識到自己應該背負的責任。這種見解讓人願意在公平的前提下，主動降低自己的要求。雖然心裡會有些許不安，卻能換來更多的個人自由。

灑水壺與實驗用燒杯

假如某一天，我的膝蓋十字韌帶受了傷，而剛好有個醫生告訴我：「我數十年來專治膝蓋十字韌帶。」我一定會請他替我診治。因為一個什麼都能醫的醫生，必定沒有真正精通的領域。這樣的人當家庭醫師沒問題，但若遇到嚴重的疾病，專業知識可能就不足。只有精通一個領域的人，才能成為有影響力的專家。

成為專家需要勇氣。他必須對某個核心專業領域說YES，並且對各種會讓人分心的事說NO。因為「這件事我全都會盡量做好，那件事我也包了」的態度背後，隱藏的是恐懼。這種人充滿壓力，他害怕眼前的這塊蛋糕太小

勇氣就是忍受恐懼，即使害怕，仍可清楚思慮。

了。**發掘各種商機的人、試著討好每個人的人，都害怕自己機會不足**。本質上，這種人並不相信自己，也對自己的提案沒信心。專業人士在踏出第一步時就放棄了「穩定」，這種穩定性要等到他有朝一日成功之後，也就是當他走到第二步時，才能贏取。**離開舒適圈等於面對恐懼，正視這份恐懼，即使害怕仍然清楚地思慮，這就是勇氣**。

這就像是胸前掛著托盤的小販，我把他「什麼都想賣」的態度，稱為灑水壺的態度，相反地，術業有專攻的人，就是實驗用燒杯的態度。

不只身為老闆才需要如此。就算受雇，你也應該在生活中成為發揮專業功效的燒杯。你可以自行決定，是要出於恐懼所以什麼事都做一點呢，還是要展現勇氣專精於某些技能。另外，假如你只懂一點事情，但卻做得特別好，你將需要其他人的幫助。在緊急情況中，擁有專業的人最能展現團隊精神。樣樣通的人比較不需要別人的幫助，感覺上雖然比較獨立，但是他們比較不能團隊合作。

在職場中，擁有冷門專長的人，剛開始會有不確定感，好像自己不太被需要，但是他隨後就會得到很大的安全感了，因為他擁有不可取代的絕佳位置。前提是他的專業知識真的行得通，而他也能貫徹自己的觀點。短期的痛

你的專業會讓你具備團隊精神。

苦能換來長期的歡樂——這種投資是不會有錯的。儘管灑水壺很快就能滿足穩定需求，但是這種穩定卻很短暫。

希望在職場上獲得保障的人，不應該一味地要求別人，應該專注在要求自己。提起勇氣，讓自己逐漸成為實驗用燒杯，提升自己的效能。

因為現在的企業，已經無法再提供受雇者所需的安全感了。一家公司要在快速變遷的全球市場中生存下來，已經很不容易，所以經營者應當深思這兩個問題：「這家公司得以生存下去的理由是什麼？」「如何才能夠找到新的方向，持續發展？公司的存續能力在五年或十年後會有什麼變化？」一家公司的穩定與否，也取決於它是灑水壺還是實驗用燒杯。

難道公司期許每個員工也都成為實驗用燒杯，是不合理的要求嗎？每個為自己努力且持續發展自我的人，不但對大局有幫助，也將對自己有所助益。

那麼，該如何得到一份較為穩定的工作呢？當你面對公司高層，只要問自己這幾個問題就好：我目前的謀生能力是什麼？我該如何才能持續找到新的發展方向？該如何奠定我的專業能力，讓自己具備專業的領導力？

這些問題的答案如下：在你試圖尋找更多安全感的同時，請保持清醒、

只有在內心穩定時，
才能從事相對穩定的工作。

忍耐外界的不安定，學習、學習、再學習，你就能創造出最大的安全感，這種安全感是從你內心產生的。

這種做法不僅機靈，也有智慧。因為你已經付出最大的努力了，請記住：沒有什麼安穩是永遠不變的。

加強我的在職訓練！

從前有個年輕人想出家修行，他不想隨便去一家寺廟，而是想跟隨某位他景仰的師父，成為他的弟子。

有一天，他覺得自己已經準備好了。他敲了敲寺廟的門，有人打開窗戶問他：「施主所為何來？」他向廟方表示，希望能接納他入門修行，那個人便叫他等著師父前來。

他就這麼等呀等的，幾個小時過去了。

他再敲了一次門，這次完全沒有任何動靜。他寺廟裡喊了喊，也沒人回應。

於是，他在門前地板上坐了下來，繼續等待。

天色開始變暗，他覺得很冷，於是再敲了一次門，但仍舊沒有人前來應門。他開始大哭，心想，自己大概是被拒絕了，失望地準備踏上漫長的返家之路。

然而，走到半路，他開始感到疑惑。事實上，根本就沒有人拒絕他呀！師父還沒出現在門口，誰知道他得忙到何時，才有空來處理收徒弟的事？第一個晚上就放棄，會不會太快了點呢？

另一方面，師父讓他等那麼久，難道不是師父失禮了嗎？他應該有權利親耳聽聽師父的理由。

他決定返回寺廟，繼續在門前等候。此時他已經明白了一件事：他沒有權利要求寺廟接納他，或者快速得到答覆；他也沒有資格占用師父的時間，時間一到，師父自然就會出現。也許等待就是他的第一項修行，他責備自己的自私和耐性不足，並且為著自己再度坐在門前等待師父，而由衷喜悅。

時間從幾分鐘、幾小時到幾天，不斷地流逝。到了第四天，他已然筋疲力竭，再也坐不下去了，只好躺在地上繼續等待。

這時，寺廟的側門被打開了。有四名和尚走了出來，把他抬進廟裡。他們給他一點食物，然後把他領到院子裡，師父就站在那裡等著他。

年輕人對師父鞠了個躬，期待他的問話。出乎意料的是，師父竟然問他有什麼問題。他高興的不得了，因為他很好學，腦中突然湧現許多問題。他想將十年來困擾著他的所有問題都拿來請益。因此，他的問題顯得又臭又長。

師父面帶微笑，仔細地聆聽，思考了幾分鐘之後，便簡短的回答他，這讓年輕人覺得不甚滿意。

他說：「是的，不過……」接著又繼續提問。

師父收起微笑，沉默不語。

「師父，為何你不回答了呢？」年輕人不安地問。

師父走了幾步路，舉起地上的兩個水壺，一大一小，兩個都裝了水。

「你看看！」

他在年輕人的面前，將大水壺裡的水倒進小水壺裡。小水壺很快就滿了，但師父仍然繼續倒水，小水壺裡的水流出壺緣，接著流到地上，地上的積水愈來愈多。

「你看到發生什麼事了嗎？」

年輕人點點頭，但他並不明白其中的意義。

「你就像是個小水壺，」師父說道。「壺裡的水已經滿了。你有滿滿的問題，但是還沒有準備好要聆聽深度的回應。壺裡再也沒有容納的空間，你先回家，把自己淨空了再來吧！那時再和我對話，對你才有意義。」

年輕人恍然大悟，他向師父行了禮之後便離開了。

*

很多人就像這個年輕人，追求著最好的生活品質。他們尋求講師或治療師的協助，閱讀所有能幫助他們或改善情緒的書籍。這個故事也經常讓我想起，當我參與改善某位客戶的職涯發展，或者只是單純接到詢問時，心裡湧現的感受。

我不是個容易應付的人，你現在差不多也知道了。如果不是認同我嚴格的方式，我想你也不會讀到這裡。

為什麼會有那麼多的人，在發展及改變自我的過程中遭遇困難呢？因為在改變的當下，他們很快就會產生困惑，不知道自己是否確實想要從根源開始改善問題。而那裡才是扭轉癥結的樞紐。如果人們能夠感受到我是如何看待他們的案子，他們就會開始意識到應該如何嚴正看待自我期許，並且認真做出改變。假如人們願意仔細聽我的建議，就能清楚地知道要堅決傾聽內心的聲音，並確實瞭解到「改變」能夠深刻影響他們的生活。

不是每個人都已經做好準備。許多人會下意識地抗拒。「**成果？當然要，快一點！要付出代價？那就不必了，謝謝。**」有些人願意接受挑戰，有些人則不願意接受挑戰、不願意接受新思想，一再回到舊有行為模式，認為那裡才是自己熟悉安穩的領域。在習慣的模式中思考，只是參考既定的判斷而已，它是一種先入為主的偏見。想要克服偏見，就必須離開慣性思維所製造的舒適圈。美國心理學家兼哲學家威廉．詹姆斯（William James）指出了重點：**「很多人以為他們會思考，但他們只是重新整理偏見而已。」**

在發展自我的過程中，如果只想找到跟自己想法相符（認可自己）的人，那麼你就不會成長，最終只是讓心裡好受而已。

快樂來自於發展自我與發展他人的過程。當我看到我的女兒在接受密集訓練之後，終於學會不使用輔助輪來騎腳踏車，我是多麼的高興！每一次的發展，都需要有促進成長的動力，進步將會隨著時間而愈發困難，比起跑步、騎腳踏車還要難上許多。如果答案很容易就能找到的話，那麼我們當然會無

快樂和成功，
存在自我發展之中。

時無刻地感到幸福。

成功之道也一樣。尚未準備好要改變公司的人，並沒有嚴正看待「進步」的意義。讓員工心情愉快並不能使企業進步。可惜的是，很多高階主管都認為這就夠了，這種方法在過去工作節奏緩慢的情況下還行得通，但如今已經無法對自己、員工、股東或主管有任何幫助，偏偏有許多企業培訓師、講師或顧問都認為這麼做已足夠，以至於到處充斥著膚淺、訴求肯定及娛樂性的培訓課程。

遠景

繼續進修是件好事。我們都需要在職進修，而企業最重要的責任之一，也是加強對員工的在職訓練。

對於這一點，沒有任何人有異議，但是現實情況又是如何呢？

這句話的背後隱藏著一項事實：只要仔細研究公司內部的在職進修文化，就會驚訝地發現，每個人在職進修的動機各自不同。真正想要拓展能力、經過深度思考後採取行動的人，常常只是少數。

參與不代表進修。

公司經常要求員工參與進修活動，共同體驗和工作不同的內容。通常會安排風光怡人、遠離塵囂的地點，讓大家度過美好的時光，期間會選擇大家感興趣的主題，彼此互動，分享心情。為了照顧員工，公司通常願意撥些預算讓員工享受團體的溫暖。透過這種形式，公司也兌現了對員工的承諾。不過，也有些高階主管是為了在員工面前維持良好形象而盡量滿足他們。基本上，這類進修是為了要彌補經理階級平時犯下的領導錯誤，重新建立和諧的同事關係。

個人進修及發展固然也重要，不過它只被排在第四、五順位，箇中原因不難理解。

公司何時才會把資金投注於員工在職進修上呢？我想答案你也很清楚。當公司營運良好時，才有餘裕發展額外的投資或政策，例如員工在職進修。這筆預算在公司財務吃緊時就會被刪除——但弔詭之處就在於，如果公司真的重視員工的個人發展，更應該在危機時期加強員工的在職進修才對。

事實上，在職進修對多數公司而言是「有的話也不錯」，但不是「非有不可」。

幾年前，德國出版了一本名為《在職進修的謊言》（Die Weiterbildungslüge）

的書，作者是個心理學家，他指出：「絕大多數的在職進修都沒有發揮應有的效用，很少有人會受到鼓勵或開始發展個人職涯。」並且認為大部分的研討會和訓練課程不僅浪費錢，效果也適得其反。

這本書對企業顧問而言無疑帶來了衝擊，我對書中掀起的旋風感到驚嘆。但企業顧問業界非但沒有正視這些批評、省思訓練的作用及實際效果，反而以「叛徒」駁斥其論點。許多講師狠批這本書有違職業倫理，這名心理學家也受到群體的撻伐。

這些人當然有權主張訓練及研討會有其成效。我只是好奇為什麼他們反應如此激烈？被打的狗總是會反擊。也許是因為，他的說法不偏不倚地戳到了講師的痛處？

我自己也是企業顧問，我的領導學院將專業人才訓練為領袖、將領袖訓練為人類潛能開發專家。我喜愛我的工作，對我來說，這是一項使命，因此我潛心研究在職進修的作用、時機與實際效果。我發現很難證明它是必要且有益的。人們可以不費吹灰之力地指出它令人愉悅、具有娛樂效果且激動人心之處，但至於為什麼它是不可或缺的？為什麼急需在職進修？答案並不清楚。我的結論是：在職進修太過看重熱情，太輕忽能力。

在職進修太過看重熱情，
其存在的理由很微弱。

因此，在職進修存在的必要性就變得很微弱了。這是個大問題。首當其衝的不是只有培訓師或企業顧問，就連公司本身和整體經濟都是。

這究竟是為什麼呢？

教育的權利

就像前面那位弟子拜師的故事一樣，唯有學生願意學習（在門前等候）、有能力學習（和尚迎接他），進修才有意義與可能性。這和專業人士被人力發展部門派去參加他不感興趣的研討會，情況並不一樣（他的水壺已滿），條件也不相應。與師父不同的是，企業培訓講師無權把無心學習或無法吸收的學生請走，因此與其說講師是教育者，不如說是被形勢所逼、扮演娛樂性節目表演者的角色。

該怎麼做，才能提高與會者的接受度？

在我的領導學院中，前來參與訓練課程或研討會的，多半是訓練有素的專業人士。他們受過一些領導訓練、具有高度專業能力（智力優勢）但領導力較差（缺少情緒控管優勢）。當他們被派來參加領導研討會時，多半尚未開發自我認知，展現的是個人下意識的本性。培訓過程中，這些人表現出兩種傾向：希望在他人（別的與會者）面前維持良好形象，以及（在講師面前）証明自己是對的。他們認為自己的地位高過講師，總是雙手交叉放在胸前，擺出地位崇高的樣子，彷彿在說：「來吧！說服我吧！」此刻，他們的身分是觀察者，而不是參與者。

當學生抱持這種態度，講師就沒有任何主導權了。無論講師多有能力，他在學生眼裡，感受不到絲毫可以教導他的權利。為了增加參與者的接受度、提升學習密度，就必須先達到某些先決條件，然後講師才有權利去教導。

根據溝通大師米歇爾．葛林德（Michael Grinder）的說法，要獲得這種權利，必須經歷四大階段。

第一階段是「內容」。這位講師擁有相關知識嗎？課程內容編排扼要明確且有重點嗎？第二階段是「方法」。這位講師知道該如何傳授知識嗎？第三階段是「時機」。進修課程是否在適當的時間點舉行？或者，講師能否讓學生感受到，這個研討會舉辦的時機正好適當？最後一個階段是「權威」。這位講師獲得外界認可嗎？人們會想從他身上學到東西嗎？

第一、二階段的內容與方法是比較容易學會的，因為這是簡單的學習與思維問題。第三、四個階段的時機與權威則是一門藝術，它關係到情緒智商，並決定某人是否為優秀的講師。

當講師通過上述四個階段後，轉型的過程及後續的課程，就會很順利。每個階段對師生來說都具有影響力。首先，講師可以用第一階段來確認他具備的相關知識，學生也可以很快理解到講師的專業程度更甚於他的。其次，講師必須掌握教學方法，讓知識更容易傳播與吸收，學生也會在學習過程中，順利接受講師的方法。第三，富有經驗的講師能夠喚起學生的意識，出神入化地滿足他們的要求，讓他們知道，他擁有解決每一種問題的工具，但學生必須巧妙地安排學習時間，並且願意接受培訓課程，亦即「清空水壺」，成為入室弟子。

即使前三階段的內容、方法、時間都具備，最後仍可能在第四階段失敗，師生雙方都得為此負責——這是指，講師在下意識中並未展現出榜樣、權威的態度，因為他真的也不是榜樣、無法展現權威；而與會學員也沒有賦予講師精神領袖的地位。

這就是在職進修的真相。現在讓我問你：如果在職進修的課程如此不易進行，能否成功還要依賴多項因素，而這些因素又是企業無法主導的，那麼，企業怎麼會正視員工進修的需求呢？

唯有傳達真正重要的訓練內容，並在日常工作中落實訓練，在職進修才能發揮作用，否則就只是作秀而已。

那麼，在職進修文化需要做何改變？

自告奮勇

唯有將責任與權利交換，在職進修才有效果。美國總統甘迺迪的名言可以用來詮譯其中關聯：「不要問公司為你做了什麼，先問你自己能為公司做些什麼。」這種思考模式會明顯地改變人的心態。

以我個人經驗為例，我也曾經是個需要社會救濟的棄兒。現在我是企業家、演說家、作家、十五年經驗的講師。在職進修在我身上不但發揮了作用，而且是不可丈量的作用。每本書、每場演講、每場研討會、每位顧問以及每一天都幫助我持續發展。

為什麼有這麼大的作用呢？因為我在訓練過程中學到，不論何時何地，我都要盡所能地負起最大責任。

只有將責任與權利交換後，
在職進修才有效果。

負責任？對自己的責任？還是對老闆的責任？對產品的責任？還是對同事的責任？都不是。準確地說，是**我所擁有的能力，必須確實地在職位上、在公司及市場規範裡發揮作用，這一點非常重要，因為這是我在職場上持續進步的理由**。

有一位公司領導人曾經邀請我到他的公司演，題目是殘障人士使用的工作輔助工具。發生意外後，我便徹底研究過輔助工具，主要是為了應付自己所需。不過我也發現，這些技能能夠幫助其他的人，所以我有段時間是靠著演說這類題目維持生計。

那位領導人很喜歡我的演說，經由我的介紹，他看見了未來無限的商機。他希望我參與他的計劃，同時可以利用這個機會克服現階段的阻礙。他給了我一份工作，並告訴我：「我很欣賞你的態度，我就是需要像你這種人。我公司裡有一個適合你的職位。」

我心想，這真是我的大好機會！「我的工作內容是什麼？」我問他。

他向我解釋：「我們一共有三條產品線。第一類是貿易商品，就是待銷售的商品，這方面要從零開始，慢慢建立，讓商品看來具有吸引力，讓銷售團隊充滿活力。第二類是自行研發的產品，這些商品已被市場所接受，並且會繼續發展下去，所以重點在於維持穩定性及可靠性。第三類是全新產品，也是我們想自行生產的產品。打造這條產品線，應該掌握好首批產品的製造、測試、建立系統規格、挑選供應商、定義目標客群、發展行銷事務。」接著他停頓許久，盯著我看。

「你能勝任嗎？」他問我。

我毫不猶豫地回答：「可以。」

他讓我擔任產品經理的工作，而我所受到的相關訓練，在當時就是這三分多鐘有關職位內容的說明，這便是全部。

儘管如此，我還是自告奮勇地接下了任務。我是帶著破釜沉舟的決心嗎？還是相信某個大好機會降臨？什麼原因都無所謂。我的能力也許只有百分之十，但我的責任感卻是百分之百，負責讓事情成功才是重點。上司或其他人沒有義務要培訓我，我也不能站在老闆面前，要求他送我去受訓。我的上司沒有必要教我如何盡義務，我得自己想辦法，畢竟這是我做的決定，事關我的職業道德。

我坐在那裡，開始思索：我需要哪些相關知識？從哪裡可以取得這些知識呢？要獲得這些知識之前，我有哪些資源可以使用？我可以問誰？誰可以製造出讓我刮目相看的結果？誰可以向我解釋這一切該怎麼做？我自行研讀專業書籍，並且找了幾位精通此方面的專家，好讓我可以隨時請益。我很快就瞭解了大致的情況，也知道通往目的地的道路及走法。

當我忙著思考著這些事時，有位觀察我許久的資深前輩，笑著對我說：「年輕人，你到底在做什麼啊？」他並沒有把我放在眼裡，因為他有深厚的專業知識，這點真不能小看他。他經常對著我匱乏的資歷和我的努力搖頭，他的自信來自於專業知識，這讓他充滿優越感。幾年之後，當我再見到他時，他還是在做同樣的工作，領同樣的薪水，而我已經有了自己的事業、經濟上完全自主。

這麼天差地別的發展，只有一個很簡單的原因：我想要負更多責任，發揮更多的作用，因此我必須自我進修。但是他不想這麼做。我想要有所作為，延伸自己的路面，成就更多。他認為他已經有所作為，有所保障。**通往成功的道路上，最重要的基礎，就是為自己的專業知識進修負起責任**。

我一再體驗到這個原則。首先是用在我自己身上，接著是在擔任講師的時候，最後是在創業的時候。**先舉起手、再尋找道路，為的是負起責任**。勇於承擔責任的人就能主導自己的路，如此才會有所成長，而不是等著某人把能力送給我。這種人只會停留在原地，甚至就算獲得了能力也無所作為。

企業若想持續發展，應該要做到下列幾件事：

一、訂下清楚的目標。

二、製造執行任務的壓力。

三、放手讓員工執行任務，並加以要求。

四、找到可行的方法。

符合這四項條件，企業裡的員工就能夠有效學習，這也是有效進修所需的先決條件。說得委婉一點，缺乏了這些先決條件，進修就不可能成功。

壓力這回事

所以，我們應該要求公司讓我們在職進修嗎？其實根本就不該冒出要求公司讓你進修、充實專業知識的想法。希望別人「給予」的想法，會讓人成為不稱職的學生。另外一條**通往知識與見解的道路，遠比等人引導來得明快多了——當一位學生真的準備好了，他就會找到自己的老師**。

這一點也是我從主動承擔工作中學會的事。身為員工，當我想要學習更

學生準備好了，老師自然就會出現。

多專業的時候，沒有任何一位主管會感到懷疑。我的主管測試我、讓我經歷試用期，就像那位等在門前、想要跟隨師父修行的弟子一樣。我向主管說明自己的願望及目標，告訴他我會咬緊牙關堅持下去，而我的主管也出資讓我進修。換句話說：你必須清楚地知道你要什麼↓準備好要付出代價↓付上代價，換取所需。

我的指導教練也是如此。當我準備好了，他們就在那裡等著我，我的第一位教練布里克勒（Horst Blickle）就是如此。我不知道他是否意識到他的角色，但我非常感激他，在我還是網球選手的時候，他就已經扮演重要的推手——當時他是羅特威爾網球俱樂部（TC Rottweil）的主席，我認識他的時候，還在史溫寧球隊（Schwenninger Verein）打球。我在區域賽中認識他時，立刻就被他吸引了。他是一位企業家，散發著我從未見過的剛毅及自信，那並不是故作優越，而是貨真價實的強者。當時我就知道，很多人雖然外表看來強大，內心卻不然。但他是個表裡如一的人，我想要像他一樣剛毅自信，他勾起了我的好奇心，也回答了我的各種問題，有時講得多、有時語帶保留。他告訴我他身為人父、俱樂部主席及企業家的經歷，我像海綿般照實吸收。

鎖定榜樣，並且向他們學習——當時我所做的事，正是幾年後我所形成

知道你要的是什麼，
然後為此付上代價。

的思想與奉行的準則。

為了拉近和教練的距離，我轉到羅特威爾繼續打球，布里克勒經常出現在球場，但是卻從來不干涉球隊瑣事，對我們球員來說，他就像是「大家長」，是讓我們尊敬的人。當時的我也為球隊做出了貢獻：打進全德國網球百強。

接著，我在他身上學到了重要的第二課。當時我們有一場重要的級別保衛戰，每個人壓力都很大。那也是我晉級的機會，非同小可。結果，布里克勒現身了，他在比賽前一天和我聊了幾句，我就跟平常一樣是個莽撞的青少年，但他卻突然變得嚴肅，認真注視著我：「柏里斯，這場比賽很簡單。你只要拿下兩點就好，單打一點，雙打一點。[14]」

砰！我完全沒有料到他會這麼說。他下達的命令清楚得讓我倍感壓力：我該長大了。我被要求專注和成績，到目前為止，我只是盡力打球，而現在我要為球隊貢獻兩點，不成功便成仁。

14 網球團體賽中的用語。通常會有三場比賽（單打、雙打、單打），先取二勝的一隊獲勝，贏得其中一場比賽都稱為拿下一「點」。

壓力能讓我們知道，
我們是否處於正確的位置上。

現在的我知道，布里克勒是個好老師，他知道那時候我的時機已經成熟，所以要求我承擔更多責任，他利用對我的要求，幫助我集中注意力，而我也拿下了那兩點。這兩場勝利讓我成為更優秀的網球選手，結果比任何一個賽季的勝利所帶給我的成長更多，只因為我的教練在我需要他的時候，為我打氣。

壓力並非永遠是負面的東西。有時，壓力能讓我們知道，我們是否處於正確的位置上。所謂「時勢造英雄」，壓力讓我們變得更好、有所表現、快速學習，同時也指出事實：這就是我必須據守的位置。相反地，假如面臨壓力就崩潰或筋疲力竭，那就顯示出：我選錯了的地方、選錯了角色，我不夠認真負責，才會耗盡力氣。

一名良師也必須適時地製造壓力，並強烈指出改變的必要性，好讓學生有所表現，說到這裡，又要回到剛才所提到的獲取權利的四大階段了，在這種情況下，我們位於第三階段：時機。

這麼說並非完全政治正確，但是，如果人們想要且必須有所表現的話，他們不是成長，就是失敗。無論是勝利或失敗都有其意義，都能讓人更加認識自己。重要的是必須竭盡所能，那麼就一定會找到自己的位置，一個只有你的能力符合的位置。這純粹是自我實踐，而自我實踐就能夠與快樂連結。

希望能夠在職進修的人，應該先具備明確的學習意願，不能等著主管或公司提供機會，也不該抱怨公司沒有給予足夠的進修機會。

當你準備好了，請敞開心房、認同任務、承擔責任，並在溝通當中表達出你需要能夠教你知識、擴充你能力的人。你會發現自己擁有一股力量，在面臨壓力時依然能保持正面心態，呈現結果！

那麼你自然就會在過程中學習成長。

幫我加薪！

Stepstone 求職網站曾經針對專業及領導人士做過一份問卷調查。調查顯示，百分之六十八的受訪者認為他們的薪資太低，而我的經驗正好足以補充說明：大多數的受雇者即使沒有更好的表現，仍希望老闆為自己加薪。他們未必會開口要求，但下意識都認為：「如果要我繼續做出相同的表現，你就要付出更多薪水！」這是談到薪資滿意度時的第一項觀點。

第二項觀點是，人們對於自身薪資的評價，多半是建立在與他人的比較之上。人們先是評估出一個「標準」，再根據這個標準來定位自己。各種心理實驗都顯示出，大部分的人更看重相對財富，甚於絕對財富。

哈佛大學做過一項研究，讓受訪者在「年薪五萬美元」與「年薪十萬美元」之間做選擇。答案看起來呼之欲出。不過，多數受訪者都選擇了收入較少的選項。為什麼呢？因為在實驗當中，這兩項虛構薪資都有個預設前提：年薪五萬美元的預設前提是「他人平均收入為兩萬五千美元」；而年薪十萬美元的預設前提則是「他人的平均收入為二十五萬美元」。

至於薪資與工作內容的相關性，受訪者覺得無關緊要。理想薪資受社會環境所牽動，並不是理性的結果。反正，重點就是比其他人賺得更多，寧願當窮人中的富人，也不願當富人中的窮人。

如果將這兩項觀點結合在一起，就會發現一項驚人的結果。首先，人們普遍認為自己的薪資太低；其次，他們根據社會環境來評價自己的薪資。由此可知，大部分的人都認為自己應該賺得比其他人更多。他們認為老闆輕看了自己而獨厚他人，認為自己的表現比他人更有價值。

這種認為「自己比別人好」的錯覺，其實透露出主導的企圖，希望比其他人更好、更聰明、更美麗、更健康或更富有。

有兩種方法可以處理這種心理壓力：拓展自己，或是貶低他人。前者會讓人真的變得強大，後者只會讓人感覺比較強大，事實上仍很弱小。

由此看來，某些應酬話也就更容易理解了。有些小團體很喜歡討論不在

許多人都認為自己應該賺得比別人多。

場的大人物，他們會如何討論「上面的人」呢？用極為負面的方式痛罵主管，這個主管就會在他們的想像中變得渺小，令罵者感到痛快。但是到了隔天，他的自我價值會再度被這位上司踩在腳底下。沒有團體的認可，幻想就破滅了，一切又回到原點。也因此這種聚會每個星期都要舉辦一次……

騙自己比他人優秀、賺得應該比實際薪水更多，這其實是不夠瞭解自己所造成的。真相是殘酷的。然而，「幫我加薪」的要求就是起源於這種普遍的幻想。當中隱藏了對上司的責罵：「你付我的薪水比我應得的還少，你是個剝削者！你不明白我的價值、故意忽略我的存在，你太愚昧以致於看不到我的表現，你只是隻利用我的蠢豬。」

老闆這時候可以決定要成為笨蛋還是一頭豬，或二者皆是。

價值這回事

我就是如此解讀那些自視甚高者的心態。許多人在薪資上抱持的心態就是如此，我則是在當中發現了自卑感。那些人充滿自我懷疑，一邊大喊著：「你應該賦予我更多的價值！」不過，這並不表示所有對薪資不滿的人，都是在無理取鬧。基本上，談到薪資時，重點並不在於老闆有理或員工有理，這始終都是個人感受的問題。

當我知道看護的收人有多少時，我就覺得這實在是太欺負人了。我認識很多看護，也需要他們的幫忙。我親身體驗了他們所成就的事，也知道有多少錢會匯入他們的帳戶。這些人薪資普遍過低，我實在難以理解，我們的社會為什麼會給予這種服務工作過低的價值。

我對商品也常有這種感覺。因為商品的背後，正是那些為了賺錢而付出勞力、製造出商品的人。工作所耗費的苦心與價格的關係，有時實在是失衡得令人無法置信。最近我在一家連鎖超市裡看見各種度數的近視太陽眼鏡，每副標價一點九九歐元，眼鏡盒也是這個價格，兩者加起來還不到四歐元。為什麼會這麼便宜呢？一定有什麼地方不對勁，這反而成了我不願購買的原因。

另一次，我在斯圖加特（Stuttgart）火車站閒逛，在某家商店裡發現了一顆美麗的石頭，中間用一條皮帶穿過後綁起來，好讓人可以把它戴在脖子上。我很喜歡石頭，身上也一直戴著一顆，因為石頭可以使我平靜。這顆石頭很吸引我，我想買下來。但是當銷售員告訴我價格的時候，我非常驚訝：

「五歐元！開什麼玩笑？」我在心中快速計算了一下，要找到一顆這樣的石頭，然後加工，再從世界上某個角落運到斯圖加特究竟要花多少時間？五歐元這個價格，和我從石頭上得到的樂趣不成正比，於是我給了銷售員十歐元，然後告訴他：「不必找了。」你一定可以想像他不可思議的眼神。

有時我在超市也會有相同的疑惑。例如我看到一塊奶油時，它背後的故事就像影片在我腦海裡播放：小牛出生之後被人飼養、每天餵食，牛棚會被清理乾淨，長大後的母牛每天都會被擠奶，擠出的牛奶經過提純、裝罐、運送，再倒入另外的容器後吸脂，最後製造出奶油。過程中使用的機器是某些人組裝起來的，運送所需的交通工具、奶油的包裝紙、販賣、出貨及上架等等，要創造出一塊約莫五百克的奶油，過程竟繁瑣至此！

接著我看到價格：一點二九歐元！我心想：這不可能！

每當我久久才去逛一次超市時，諸如此類的想法就會一再浮現。一公斤豬頸肉賣六歐元、五百克草莓賣一點五歐元、自由放牧雞蛋十顆賣九十九分。這怎麼可能！我們究竟賦予了食品多少價值？在我眼裡，它們的售價實在是太低了。不夠尊重其他人的工作價值，將會衍生出許多不必要的問題。

我猜想，從事生活用品製造業的人，平均收入應該較低，以至於永遠要為微

不夠尊重工作價值，
將會衍生出許多不必要的問題。

薄的利潤奮戰。建築業的情況也很類似，最近我在蓋房子時認識了許多工匠，有的人技巧出色，完工狀況也非常好；有些人則是普普通通，工時較長，要加強的細節也還有很多，即便如此，他們的收入跟那些出色的工匠相差無幾，這種比例關係，根本不對。

對於優秀的工作品質，我很樂意支付比預期更高的費用，相較之下，若品質較差還要我支付同樣的價格，我心裡就不舒服。

社會大眾對薪資的某種特定看法，始終讓我難以理解。人們認為高收入所得的人，就應該公開收入讓人檢視。抱持這種看法的人當然不在這個收入範圍之內。有的人會抗議經理薪水領得太高：「光是他一個人的工作成效，怎麼會是勞工的一千倍呢？」人們對於職業足球選手的收入也有微詞：「無論他們踢得多好，百萬歐元的收入還是高得離譜。」或是「生產線勞工必須忍受夏天高溫，大汗淋漓地工作八個小時；同樣是努力專注的工作，心臟外科醫生的薪水卻比勞工多那麼多」或是「跟空服員相比，飛行員的表現並沒有特別突出，前者的勞動甚至比後者多，但飛行員的收入仍然比空服員多了好幾倍」，例子不勝枚舉。

這是公平的嗎？還是說這種工作成果與薪資之間的關係已經失衡了呢？

工作表現結算表

我們生活在一個各憑本事的社會裡，至少我們是這麼認為的。工作表現就是每個時間單位裡的工作內容。人們計算時間的方法很清楚，但是，工作價值要如何計算，人們卻完全不清楚。

有的例子還可以一目瞭然地計算，例如：某人把某物從甲地搬到乙地，一共搬動了多少公尺、刷了多大面積的外牆、鋪了多少平方公尺的地板，那麼我就可以按照邏輯計算出工作量。整體而言，雖然品質無法計算，但至少有參數了。

不過，我們該如何衡量精神層面的價值創造呢？對於人們所下的決定，以及在未來才會展現出的效果，該怎麼打分數？你會給予一個擅於思考的人多少價值？我們怎麼把一連串精神層面上的想法、思想、結論及決定換算成歐元？過程中所設定的時間範圍是多長？也就是說：精神層面上的作業，何時開始展現效果？效果有多大？效果能維持多久？

那麼，現在請把精神層面上的作業，公平地換算成鐘點，就像是瓷磚工人一樣，用時間及平方公尺來衡量他的工作效率吧！想必你會立刻發現：這根本就行不通。

當大眾抱持著忌妒的心態，討論政治人物、運動員、經理人、流行音樂歌手的表現時，他們總是說「我們活在一個各憑本事的社會」，並認為大眾是為這些人的工作表現而付費。

這根本就是胡說八道。沒有人會因為某個人的工作表現良好，而付錢給他！

工作表現，也就是每個時間單位內完成的工作，可以作為初步預估、達成目標及能力高低的重要指標。但是，**產品或服務的價格從來就不是視工作表現而定，而是視工作成效而定、視結果價值而定**。我們不是生活在各憑本事的社會，而是生活在效果論及結果論的社會中。

高階主管的決策品質，通常要在許多年後才看得出來。因此政治人物或企業的首席執行者，也常會因為上一任的立法或當時景氣而受惠或受拖累。人們當然會把好的結果歸功於自己，壞的結果歸咎於前人，這就是眾所皆知的遊戲規則，因此當你擁有過人的表現時，人們會相信你能力頂尖，至於你是真的有能力還是運氣好？這就不是那麼重要了。每個曾經身居高位的人，都知道要找到一個合適的下屬有多困難，因為一旦某個人的影響力大過於自

我們不是生活在各憑本事的社會，
而是生活在結果論的社會。

身承擔的責任的話，結果通常會很慘。媒體時不時都會報導這種例子。

而這帶來了什麼結論？非常簡單：現在我們迫切需要的，不再是看重工作表現的人，而是重視結果的人。

那些對於別人的表現說三道四、認為別人薪資太高的人，我想問他：「你對於自己的作為及成績，也會像對那些頂尖人物一樣嚴厲批判嗎？」

一旦你對自己比對他人更加嚴格時，就會往前踏出決定性的步伐。你會更有成就，收入也會跟著變好。這不是打從一開始就如此，而是理所當然的結果。如果我想賺更多的錢，那就要想辦法有所作為，並且要獲得決策者的賞識。

像貝克漢（David Beckham）這樣一位足球明星，牽動著世界上數百萬人的情緒，而且是許多人理想的榜樣及偶像。他算得上是指標性人物，而我認為，他接近兩億歐元的收入完全實至名歸。這並非只是因為他有絕佳的射門技巧，在告別了活躍多年的職業足球生涯後，他每年仍然能賺進兩千萬歐元。這已經証明了他的能力。

公平或不公平？這點請你自行決定。你可以對貝克漢的收入實至名歸的想法，表現出不屑並加以反駁；你也可以思考他是怎麼辦到的？效果如何產

我們需要更多重視結果的人。

生？從何而來？它是立基於何種規則之上？你能從他身上學到什麼？什麼適合你學習，什麼不適合？這讓你想到什麼了嗎？正面及負面的比較，選擇權在你。

像比爾．蓋茲（Bill Gates）、歐普拉．溫芙蕾（Oprah Winfrey）、克理斯提亞諾．羅納度（Cristiano Ronaldo）、伊隆．馬斯克（Elon Musk）、卡爾．阿爾布雷希特（Karl Albrecht）、瑪丹娜（Madonna）以及吉塞兒．邦臣（Gisela Bündchen）這些富裕的人，無論過去還是現在，都不只是因為表現大膽、出色或運氣好而已。他們的收人之所以如此引人注目，還有一個原因：他們所做的事和你我不同，而且是非常堅持地在做。當然，他們的天分是非比尋常的，他們將自己的天分發展成強項，並且高度專心致志。他們一而再地反覆練習，努力將成果最佳化，數十年如一日。從本質上來說，他們都在製造出舉世震驚的成績，且效果是世人所矚目的，所以老闆才會心甘情願地付他們那麼多錢！

讓大家賺得更多！

當工會及政黨要求為眾人提高工資，或者為某個地區進行薪資協商時，這在工會及政黨的眼裡是理所當然的事，對那些因此能提高收入的人而言，也是理所當然的事。讓大家都過得更好，這是合乎常理的要求。

「最低工資」是一個合乎常理的想法。至於它應該要調整到多高？應該維持多久，才不會影響到任何一家企業的運作？我沒有相關經驗或能力可以判斷。也許，「最低工資」就短期看來，有利於消除弊病與不公不義，我們必須小心地實施，但是就長期而言，「最低工資」對個人發展並沒有幫助。

我認為，就連呼籲保障女性名額的訴求，也非常有意思。我們應該或必須要保障更多女性官員嗎？這是肯定的。那麼殘障人士的比例呢？從統計數字上來看，德國的身體殘疾人口約占全體百分之十。那麼其他的歧視情況又是如何呢？外國人呢？膚色呢？同性傾向呢？這根本不是那麼簡單就能解決的事，我們該從哪裡開始，盡頭又在哪裡呢？

一旦按照規範來做事，人們下意識裡就會帶有這樣的想法：「我們必須訂下規範來約束他，因為，這件工作光靠他一個人是不行的！」此外，「因

提高「最低工資」雖然合乎常理，
但這麼做對個人發展並無幫助。

為他可以被取代，所以要有人負責管理他。其他人也一樣，每個人都必須得到相同的權利和機會！」而這也就意味著：「他並不特別，他和其他人得到的東西都一樣！」

這種想法會讓人類變得平庸和渺小。假如這種想法愈發根深蒂固的話，那麼「某個人為你處理了某件事」，這聽起來就不再那麼值得感動了，不是嗎？既然已經講到這裡，我得再問一次：「你閱讀這本書，難道是為了變得平凡嗎？」

多年來，我也訓練女性高階經理人，她們誰都不願意只憑藉著女性保障名額而向上爬，她們反倒希望沒有這種保障。

我們需要的是在領取固定薪水的情況下，仍然想要提升自己的人；想擺脫外來控制的人；想全然為自己負責的人。人類的進步，從來就不是集體所造成的，集體性會帶來穩定，這一點當然也很重要。不過，每一項發明、數千年以來的每一次創新、每一種破天荒的科技，都來自於某個個體大腦中的獨特想法。今日的成果是昨日想法貫徹執行的結果，所以，我們不應該把個人與集體當成是對立面，它們是互補的兩極，就像男人與女人一樣，在天時地利人合的情況下結合。

「管理」將人類標準化。

我們可以從個人主義者身上學到提高收入的方法。如果你願意，你也可以從我這裡汲取一些主意，這也是我撰寫本書的原因之一。我的做法如下：**如果想要賺得更多，我會思考如何提高我在公司裡的價值，那麼我的薪資自然會跟著提升**。這雖然會有點費時，但一定行得通，至少我有過相關經驗，而且還不只一次，大概有二十次那麼多。我的第一份工作領的時薪是五點五馬克，工作內容是將超市的商品上架，而現在，我的時薪已經有了很大的變化，這中間一定是發生了什麼事——那就是我努力的成果。

當然，我也注意到人們被剝削的情況。這些人因為受到壓迫，所以變得弱小。他們就像傻傻的小白兔，永遠追著掛在眼前的紅蘿蔔，這根紅蘿蔔會一再地被抽走。是的，幫助這些無法自助的人，有一部分是我們的責任。不過，無法自助和不願自助的人之間有很大的區別。對於那些無法自助的人，我很容易心軟，而對於那些不願自助的人，我則是鐵石心腸。

要發現一個人是「沒辦法」還是「不願意」，不是件簡單的事，因為精神上的壓迫無所不在，睜大你的眼睛，如果你只經歷過一次，那可能是你運氣不好，當你遭受到第二次時，這可能就是你自己的問題了……

個人和集體是兩個互補的極端。

*

我們最好更輕鬆地看待金錢這個議題。金錢只是一面鏡子、是這個世界對你的回應。它能以鳥瞰的方式反映出我們在某個瞬間的實際能力，頂多如此而已，但人們總是把這個機制設定得太過道德化。

金錢不屬於道德範疇。假如我說：「以前我靠社會救濟過活，但是現在我的收入還不錯。」就會立刻聽到這樣的回答：「有錢並不會帶來快樂！」如果我這麼回答：「我沒說金錢會帶來快樂呀！我只是說，還好我現在收入不錯。」那麼，另一個人就會說：「你似乎很想炫耀你賺很多這件事！」

金錢背負著重擔，這使得人們很難冷靜地談論金錢。這種現象也可以在其他議題中發現，例如「性」及「健康」——擁有越少的人，就聊得越多。

希望有一天人們在討論金錢這個議題時，能夠更為自然且誠實。

無論你想從生活裡獲得更多樂趣，或是從老闆那裡獲得更多薪水，原則都一樣：提升你所發揮的作用和效果，而不是提高你的要求。盡可能成為最優秀的自己，當你知道自己真的盡了全力，你就會得到非常大的滿足感。此外，將自身價值最大化（最大效用程度），還會帶來另一種效應——這時，

放輕鬆：金錢只是一面鏡子，一個回應。

你不需要提出任何要求，因為其他人自然會發現你的價值、認可你的價值，進而支付你更多金錢。假如不是這樣的話，你大可以另闢新徑。不過，我希望你不是為了賺更多的薪水而離開公司，更重要的是薪水之外的收穫：你有選擇的自由；你可以賺取你應得的。接下來，你的收入便會提升。別忘了！選擇權在你身上，沒有人可以幫你做決定。

提升你發揮的作用和效果，
而不是提高你的要求。

安頓我的生活！

德國目前出現了一波職業倦怠潮，心理疾病、職業倦怠，似乎成了時下的流行病，同時也被視為是「國民病」。每每一個星期才剛過去，那些我們不只看過一次的學術研究報告及問卷調查數字，就會被媒體拿出來重新炒作一番。

職業倦怠在學術定義上並非疾病，它被定義成是生活方式出了問題、情感耗竭。人們至今仍無法確定「情感耗竭」是不是職場帶來的問題。學術上也將壓迫感的起因稱之為「壓力源」（Stressor）。在心理學家湯瑪士．賀姆斯（Thomas Holmes）及李察．雷依（Richard Rahe）設計的《社會適應量表》（Social Readjustment Rating Scale, SRRS）中，前十大壓力源裡，只有一個和工作有關，而且排在第八名——失業。然而，德國有十萬個受雇者因為被診斷出「情感耗竭」而請病假，百萬名員工缺席的上班日所帶來的影響，就由經濟和社會共同承擔。

多數民眾看到有關職業倦怠數字的報導之後，反應都是忿忿不平。可以預見的是：一有新的事件產生，獵殺罪犯的行動就會立刻展開，這個「罪犯」也會很快地被揪出來——「一定是老闆的錯！」德國五金工會（IG Metall）在二〇一一年的例子，恰巧印證了這個模式。根據《醫師會刊》（Ärzteblatt）報導，五金工會針對兩萬名德國職工委員會會員進行問卷調查。問卷中，百分之七十三的人認為，在他們的公司裡，每當員工面臨職業倦怠時，都無法獲得足夠的支援。據此，五金工會執行長要求政府制訂《抗壓規章》（Anti-Stress-Verodnung），認為法律應該強制規定資方投入更多的資金在健保上，用於預防員工受到壓迫，就如同保護員工不受到噪音干擾或受有害物質汙染一樣。

員工不應該感覺到壓力，因為那是不健康的。然而，據說企業就是讓員工感到壓力的元兇，企業應該要盡可能地保護好員工。根據這個邏輯，一連串的要求就隨著這波職業倦怠潮，襲捲而來。

一有新的事件產生，
獵殺罪犯的行動就會立刻展開。

事實一：許多員工即使生病了、該休息了，還是會到公司上班。這麼做的後果就是：「這一切都是公司的錯。」結果，導致人們要求公司，應該防止讓生病的員工還到公司上班的情形發生。

事實二：員工在上班之外的時間，依然收到和工作相關的電子郵件，這讓人感到有壓力。這件事的後果是：「這一切都是公司的錯。」結果，導致人們要求公司，應該設法讓人們不要在工作以外的時間收發工作信件。

事實三：在德國，有許多員工有腰痠背痛的問題，後果就是：「這一切都是公司的錯。」隨之而來的要求就是：老闆應該設法提供員工較舒服的辦公椅。

事實四：員工坐在舒服的椅子上，還是可以像坐在劣質的椅子上那樣地坐姿不良，後果是：「這一切都是公司的錯。」隨之而來的要求就是：公司應該想辦法讓員工接受體操訓練，好讓他們學習何謂正確的坐姿。

諸如此類……

在我眼裡，這些事情根本就是精神破產！我們似乎已經不相信人類能夠自我控制，也不再能自我要求。反之，我們認為，人們無法自行決定他們是否有能力工作或生病、要採取何種坐姿或何種飲食方式、是否要承受壓力、

過度的整頓，
無異於宣告精神破產。

是否要在休息時間閱讀電子郵件……這不但否定了人類已經成年的事實，更是對人類的自處能力，拋出了大大的問號。

我要鄭重反對這種間接宣稱人類愚蠢的想法。成熟的人類是懂得自助與自決的！特別是當他們的「自主權」受到激勵時，那些害怕錯失什麼的人，既然連週日都要檢閱工作郵件，那麼就不要在週一來上班時大發牢騷。

通常員工在繳交工作成果的時候，會向老闆抱怨其他同事在週末發送郵件的事。這個抱怨是希望老闆能夠制止這種「不公平」的努力行為，因為這會讓其他員工承受週末也得回信的壓力。

這背後的邏輯，就跟學生要求老師取消某個同學的好成績，只因為那個同學週末時竟然還在讀書；或者是短跑選手向奧運委員會要求撤銷競爭對手的金牌資格，因為那個選手聖誕節竟然還在鍛鍊——在「各憑本事」的社會裡，那些要求真是荒謬不已！

事實是，**每一支手機都有關機鈕**。而你過去的工作習慣，關乎你是否容易被聯絡上。也就是說，**如果你無時無刻都處於待機狀態，那是你自己造成的**。有一次，當我和一位董事會祕書討論演講的流程時，我就親身經歷了這種情況。我聯絡上她的時候，她正在度假，當時她坐在滑雪升降機中，向我

想要受人重用的人，
「隨時待機」這種情況就會反映在他的生活上。

保證這一點也不會影響她，畢竟我們要談的內容非常重要。而她隨時準備好犧牲休假的心態，也顯現在我們的談話中。

想要被人重用、想要展現自己重要性的人、情願把自我價值犧牲掉的人，這種情況就會反映在他的生活上。分不清事情先後順序的人、對於自我管理總是拖拖拉拉的人，也經常會遇到這種情形。無論你的手機是否在周末還開機，好讓你能夠閱讀電子郵件或讓人找到你，或是你決定關機，這都是你自己能決定的事。對某些人來說，在週末預先完成一些工作，能讓他們感到放鬆，這樣他們才可以在週一的早晨少做點事；對於其他人來說，週末全然休息才是放鬆的。有誰能夠自以為是的幫你決定，你要如何展現你的最佳成果呢？

無論是政治人物、工會會員或記者，總是為了替過勞的員工說話，而不斷地要求企業必須負起關照員工的責任。然而，這會讓員工變成苟延殘喘的受害者。這種保護行為會讓人越來越弱小，我甚至覺得這是不尊重人的行為。

罪人在哪裡？

要求公司來整頓我們的生活，這種想法不僅對個人，也將對經濟或社會大局有害。**無法對自己負責的人，人們也不會樂於讓他們承擔更多的責任，因為他們比較習慣承受更少的自我責任。**如果要把事情交給這種人來做，下場就是等著開天窗！他們不但無法負責，委託者還得多為他們著想、處理好一切、照料好他們！

公司應該負起的責任，會有盡頭嗎？必須在員工餐廳裡訂定素食日，員工才能正確落實保護動物的想法嗎？國家需要發送簡訊到員工的手機，提醒他們該吃飯或補充足夠的水分嗎？他們必須被派去訓練，才不會忘了呼吸嗎？

當然，如果高階主管願意思考並提供有益健康的工作環境，這對員工是很有幫助的。只不過，我覺得我們好像偏離理性太久、螺絲也栓得太緊了。某些員工的要求已經過度，遠遠超過工作基本需求，這種觀點常常會被忽略，而被當作是員工個人的決定。工作看起來似乎都是過重，而壓力看起來總是有害健康。

我們習慣承受更少的自我責任。

一個人所承受的壓力，顯示出受到刺激時的適應程度。幾乎所有的專家都指出：**人多多少少都需要精神、心理及情緒上的負擔，才得以保持健康**——世界上還有一條「健康壓力」的長廊。健康的壓力就是良性的壓力。而這條長廊之外，存在著重度壓力與輕度壓力，人們只會短暫地承受這兩種壓力。壓力其實就是緊張的狀態，在緊張與放鬆狀態之間，存在著節奏，人們能夠按著本能自行駕馭這種節奏，或者是學習有意識地掌控節奏。每個人對壓力的輕重認知不同，但基本上它們的範圍很廣。因為人類其實非常有韌性，而出現在長廊內的健康壓力，可以視為是一種訓練，它會讓人提高且獲得工作能力。

越過這條長廊——也就是過度負荷的狀態下，額外的壓力就像是過度的運動訓練一樣，將會降低人的工作能力。專家認為，這種惡性壓力和良性壓力相反，有害健康。而負荷過輕的狀態，也就是過少的壓力，則會讓人嗜睡、感到無聊、無精打采，這也會讓工作表現下滑。

請不要誤會我的意思。讓每天的工作都保持適度壓力，不要負荷過重或過輕，這是員工及上司雙方的責任。但是，公司或高階主管無法承擔全部責任，老闆要怎麼知道對每個員工而言，最良性的壓力落在何處？又怎麼能夠

壓力不見得總是有害。

知道，每個員工目前處於何種壓力狀態呢？每個人的情況都不同，而且身體與心理狀態也都處在變動狀態，又怎麼可能正確評價每個員工的狀態呢？

基於相同的理由，要讓每個員工時時刻刻都分配到正確的工作量，也是不可能的事。員工也無法提出這種要求，因為他們並非籠裡的母雞，可以被分配均等的飼料，好讓牠們產下特定的雞蛋數量。

想要好好地發展自我，還有其他辦法：誠實客觀的回應（如同先前提過的），並控制自己，不讓負擔過重。在這種原則之下，每個員工，包括上司本身，都可以將能力發揮得淋漓盡致，並且讓壓力感應器變得更為敏銳，也就不會因為情感耗竭而出現職業倦怠症。

「公司應該整頓我們的生活」的要求，並不會讓我們變得健康，而是讓我們變得依賴、無法獨立自主。後果就是習以為常，而且忘了該如何幫助自己。美國有一位非常有影響力的心理學家馬丁・賽理格曼（Martin Seligman）把這個現象稱為「習得無助感」（erlernte Hilflosigkeit），並且以其來解釋憂鬱症的生成。事實上，失控感以及被外人主導的感覺，都會讓我們生病。

受害者邏輯

我認識一位過去從事保險業的女士。每次我見到她的時候，她總是在叫囂責罵那些讓她厭煩的工作及同事。但是自從她退休之後，她忽然感到很難過，因為她再也見不到這群人了。結果她逢人就誇獎那裡工作有多麼美好。

這不是精神分裂是什麼？！

不管你怎麼看待工作，它永遠是讓你心情差勁的元兇。

根據這個邏輯，人們放棄了他們最初想做的事，純粹地為上班而上班。基本上，他們根本不想工作，但他們仍然工作著，只因為非這樣就無以賺錢維生。抱持著這個邏輯的那位退休保險公司女員工，到頭來發現，沒有了工作，她的生活變得很空虛。

工作是所有搞砸心情的源頭、老闆是情緒勒索的元兇。這種思想的背後，潛藏了天大的誤會——**生活最重要的不是去做你想做的事，而是去享受你正在做的事。這是一門能夠為你帶來幸福的高深藝術。**不過，熱愛你當前的工作，要比找到一份你熱愛的工作更具有挑戰性。就像愛你的孩子，比起把孩子變成你愛的樣子重要得多。愛你的伴侶真實的樣子，要比費盡心思把

生活的藝術，就是享受你正在做的事。

他變成你願意愛的「對的樣子」聰明得多。重點在於你必須移除自己內心的障礙，而不是一味地從別人身上要求你想要的。唯有在克服了障礙之後，你才會感到滿足，這就像是清除了河流中的石頭，為河流歡呼！我得再次強調：向你的工作、小孩、另一半、生活說「YES」！當中有很多事，其實都只是你願不願意接受的問題而已。

這對你來說太容易了嗎？如果你嘗試長期這麼做的話，你的想法就會改變。重點不是掩蓋事實真相，而是深入地理解、面對及接受真相，直到它們變得「真實」為止。我知道字面上容易理解，真正執行有其難度。然而，和「不得不去上班的受害者」心態相比，這種心態具有建設性。強迫自己忍耐度日是行不通的，但是水來土淹、兵來將擋地接受它，在現況允許下，採擷最好的結果，卻是可行的。

因為這不是一件容易的事，大部分的人會選擇逃避這種生活態度，並轉而要求別人滿足自己。在應該為自己負責的時候，反而向別人提出要求，這種行為背後隱藏的目的究竟為何？

有個例子可以清楚說明這個情況。許多演講者可能都遇過類似的情形。某次演講結束以後，我在大廳裡和一些聽眾見面，我在那裡舉辦簽書會，並且接受訪問，這時有位女子朝我走來，匆匆忙忙地跟我打了招呼，然後說：「我想給你一個建議。」

我點點頭回答：「好啊！但是，在給我建議之前，我能否請教妳，妳在這場演講裡有什麼重要的收穫嗎？」

她告訴我，她想要成為一名講師及演說家，接著說到：「你剛才提到了『洗耳恭聽』。」

我：「哦……然後呢？」

她：「你不應該說『洗耳恭聽』！這是不對的說法。」

我：「不好意思，我不懂妳的意思。」

她：「你應該說『傾聽』，而不是『洗耳恭聽』，因為當你『洗』耳的時候，耳朵就根本什麼也聽不見！」

我需要幾秒鐘的時間才能回過神來。這種評語我最近時常聽見，「傾聽」似乎是最近流行的單詞。然而，這名女子讓我有種五味雜陳的感覺，一方面她說得沒錯：「傾聽」是更精準的用字，這的確是一個值得思考的問題，在某些語境中，「傾聽」這個字可能真的比「洗耳恭聽」更好，但是這當中的區別至今仍然沒有真正地說服過我。

同時，我覺得這種批評太具爭議性。在用字及演講方式方面，我沒有聽到任何更有建設性的觀點，只是某些人在還未發展自我的情況下，主觀地希望別人能照著自己的想法去做罷了。演說當晚，我在四百五十位聽眾（還是要說「傾聽者」比較好呢？）面前連說了兩小時，也就是說：在平和的語調之中，每分鐘會出現一百五十個字，我當晚一共說了約一萬八千字，而她從中挑了一個她覺得不適合的字出來，這是一比一萬八千的比例啊！

根據這位女子釋放出的訊息：她仍然在學習中，而且將來想要從事的職業，我已經做了好幾年，並且是高收入的專業人士。當天晚上她應該利用這個能和我講話的機會，幫助自己朝目標更往前邁進一步，問些聰明的問題，接著「傾聽」並貫徹執行。她不但沒有這麼做，反而向我解釋什麼是我不應該做的，以及我應該怎麼做才對。

就我的理解，隱藏在這位女士行為背後的，是一種要讓別人為自己加分的簡單願望，她想要立即功成名就，這並不是她將來的目標；她想要讓別人為她的現況加分，她是這麼為自己做出決定的。不去為自己的目標努力，反而來糾正我，這是什麼道理呢？只是想幫自己加分，立刻、輕鬆地、不費吹灰之力。如果我為她的建議拍手叫好，也許可以提升她的自我價值感，她在這個晚上也會過得很美好。我有這麼幫她嗎？當然沒有。

我認識一個大學生，他對自己的課業漫不經心，在大學裡絲毫提不起勁，也很少選修課程，拿到的學分及參加的考試少之又少。當我知道這件事時，我數落了他一番。我們的對話簡單扼要，卻很激烈。他答應我會改進，一個星期之後，他打電話給我，告訴我說：「你知道我不喜歡大學什麼地方嗎？就是那群只是在混的大學生……」

不想好好整頓生活的人，都想從別人的身上找到藉口：一個讓自己心情好的理由，這麼做他就不必自我反省。這是可以理解的人性面，因為在自己身上下工夫的確比較困難。在工作中、想獲得好心情的要求中，都存在這種受害者邏輯，而其背後則隱藏著人性的弱點。

予取予求的人生不會快樂。然而，為什麼人類還是這麼做呢？當我們還在襁褓中，早就出於本能地學會這件事：該換尿布或肚子餓的時候，我們只要用力大聲哭喊就好，接著就會有人來為我們打點一切，如此理所當然。然而，在成長的過程中，我們愈來愈無法要求他人。如果有求必應的情況太常發生，這種模式就會深刻烙印在我們的性格裡。其他人已經沒辦法透過「傳達好感」的方式，來讓我們產生實質的滿足感，反而會讓我們對更多的「好

受害者邏輯的背後，
隱藏著人性的弱點。

感」上癮，這麼一來，就會變得更加依賴。

這種予取予求的態度，只會讓人暫時感到舒服。但我們必須學習從自己的內心發掘自己想要的事物，並且將其帶入生活當中。

成功的觀點

如果我想要整頓好自己的生活，我該怎麼做呢？

多年前，我在擔任銷售員時，也曾問過我自己這個問題。可想而知，那份工作不適合坐在輪椅上的我。早上光是整裝完畢，到準備好出門，就要兩個小時。接著是出差行程、現場突發狀況、障礙物、樓梯、展示商品的裝卸等等。然而，銷售員的工作就是要盡可能地拜訪客戶，越多越好，因為這是銷售員成功的關鍵因素。每次拜訪潛在的客戶時，都要找到符合需求的停車位，上下車就要花上好幾分鐘，這是十分費力的動作。接著，真正的工作內容才要開始……

很快我就理解到，我不可能用這種方式達成目標，況且我所安排的客戶拜訪行程遠不及我同事的多。

「傳達好感」無法整頓我們的生活。

當時，我大可以說：「老闆，你看看我！我是殘疾人士！我的表現根本無法跟其他人一樣！給我一輛有滑動門、配備有電動座椅的車子，讓我去拜訪那些設有殘障人士專用停車位的客戶吧！而且我的目標應該比其他人低，但是薪水不能低，因為我付出的努力比其他人還多。我到底該怎麼做？你應該要能理解才是！等你幫我把一切都安排好了，我就可以開始！」

我大可以把自己變成受害者，我大可以要求我的老闆為我的殘疾負責。不過，事實上，我坐著輪椅這件事，跟公司一點關係也沒有，這百分之百是我個人的責任，我根本沒有資格做出任何要求。

我的工作重點，反而是應付職場上遇見的大小事。例如，最初我必須應付公司派給我的車，它配備有正常的車門及手動調整座椅，對我來說這是很費勁的。我必須用把手將座椅往後及往下調整，騰出空間容納輪椅，接著再把座椅往前及往上調整，如此一來我才能開車。這雖然不容易，但也還過得去，我還能應付。

我也考慮過該如何提升我過少的客戶拜訪數量。我目前有的資源是什麼？有什麼價值？這時我可以思考與發言，我可以打更多電話……我學到了如何在電話上銷售得更好，無論是直接完成銷售，或是做好銷售前的最後準備工作。我專注於這兩個重點的策略奏效了，最後成績總算能和其他銷售員平起平坐。接著，我又想：如果拜訪客戶對我來說不是件容易的事，那麼讓顧客來拜訪我如何呢？答案已經藏在問題中了：這就是策展的目的！我負責籌劃區域展覽會，在會中舉辦產品訓練及解說，並且邀請我的顧客來參加，結果我的顧客覺得這個活動很棒，我不必到處跑就能親自見到他們，我突然間變成了最佳銷售員。你猜猜看，當我做出了這個成績後，公司的反應是什麼？配給我一輛有電子座椅的高級汽車……

*

我所做的事情並不是巫術，而是每個人都能做到的事。我只是單純心存感激地接受我所有的資源，並且專注於此，從中做出成績而已。我不專注在我沒有的資源上，而是專注在我擁有的資源上，結果就是資源越變越多，而且持續增長，這也是一個造就快樂的因素。

單純地為你所擁有的事抱持感恩的心，專注在你的機會及可能性上、你的才能與潛能上，不要去干擾其他人。鄰居的房子、汽車、花園、老婆，都不是你該感興趣的。關心你自己的房子、汽車、花園與老婆。請你努力地往下深耕，在那裡，你會找到關於未來最好的解答，這一定會是一條帶給你幸福的道路，唯有如此，你才能整頓好自己的生活。

利用你手邊現有的資源做出成績，循序漸進、日復一日。你一定能夠應付得來，在這種心意下能走多遠？只有上帝知道。

3

你如何在非蓄意的情況下，防礙了社會發展

給我一個避風港！

我通常會將收入的百分之四十五捐給某家慈善機構，但仔細精算，捐款數目甚至更高，因為它有許多性質不同的募款單位，且分布廣泛，所以要實際計算自己捐了多少錢並不容易。

很多人都有捐款的習慣：在德國，半數民眾每個月固定捐款，越富裕的人捐得越多。其中位居金字塔頂端百分之十的人，捐獻的金額遠超出半數捐款者的總額。此外，每家企業也都將部分獲利投入公益當中。消費者只要買了東西，就大約捐了價格的五分之一金額，因此，目前德國每年收到的捐款共約六千二百億歐元。

可惜當中大部分的捐款，在真正能幫助需要救濟的人之前就已經耗盡，因為這個機構龐大的行政體系，也需要資金才得以運作。此外，每年光是利息就約四百億歐元，因為它的負債高得嚇人。過去幾十年裡，這家機構不斷地投入慈善事業，每年付出的救濟金比得到的捐款還要多。那又怎麼樣呢？反正還是要做善事。

但究竟都做了些什麼善事？很多，用一個概念來總結，它首要目的就是：提供保障。實際上，他們希望為需要救濟的人提供所有保障：對抗貧窮、老化、疾病、傷殘及無工作能力者的問題、處理爭議、免於威脅、照護、經濟不振區域的居住問題、式微產業、就職機會不均、經濟市場中遇到的倒楣事或無能問題、生了一窩孩子但愛情不復存在的婚姻，以及，生活裡許許多多的困難。

這個慈善機構帶來的影響層面非常廣。不過，我要提出幾個為人詬病的地方：

第一，我看不慣的是，捐款的金額沒有議價的空間，是固定的不二價，並且以剝奪自由做為威脅，要求人們貫徹執行。

第二，我認為這個強迫捐款的比例太誇張，最後剩下的錢對很多人來說，根本就不夠用，這個機構不相信捐款者會自願用其他方式幫助別人。

第三個我看不慣的地方是，因為經濟不振，使得絕大部分的捐款就這麼被浪費掉了。

第四，這個機構沒有向捐款者清楚說明款項流向，我認為這不尊重捐款者。

第五，接受救濟的人實在太多，導致當中真正急需幫助的人，最後領到的救濟金根本就所剩無幾。在這些接受救濟的人當中，有許多人根本就不需要幫助，因為其實他們有能力自助，只是不願意而已。

第六，也是我認為最嚴重的一點，就是它雨露均霑地將捐款分配給數百萬人，這種方式會造成極具破壞性的後果：慣性依賴幫助（無論他們現在是不願自助，還是無法自助），對隨手可得的幫助習以為常，因此他們就不再努力、不願盡己所能。也因為如此，他們逐漸喪失自助能力，對慈善機構變得更依賴，也就是說：他們變得更無能了。

這個機構的願景是創造安定，結果卻讓人們變得依賴且更無能。而無能就是不安定的源頭，所以到最後，這個規模龐大的慈善機構，在幫助了數百萬人之後，獲得的結果正好事與願違，就好比提油救火。

順帶一提，這個慈善機構的名字，就叫做「德意志聯邦共和國」。

想提供人們保護傘的想法，
就好比提油救火。

亞特拉斯（Atlas）的肩上

國家是超乎想像的龐大保護機器。過去，個人或家庭得自己承擔的風險，今日已經成為社會的共同需求。政府機關主要使用兩種工具來保護每個人：第一種是規則；這包括規章、法律、規範、命令、指示、政令、法令、義務、條文。第二種是轉移支付，也就是拿走某個人的錢，賦予另一個人。

這兩種措施都限制著人類的自由與機會，無論是付錢的人，還是收錢的人。對於自己賺錢並且承擔個人風險的人來說，他們的發展空間受到了限制。這些人絕大部分都負起養活自己的責任，但眼前卻有滿滿的規則與轉移支付，使他們的發展自由受到了限制。而那些明顯較不為自己負責的人，則是停留在原地，變得越來越依賴。

如此的分配情況，限制了雙方的自由。

上述現實情況是有事實根據的。「國家」無時無刻都在想著要把自己變得更強大、要限制那些自行負責的國民到何種程度。而德國現階段的限制大得驚人。德國過去的稅收，從來沒有像現在那麼高過，政治決策也從未像今日一樣，引發那麼多的不滿。

雖然德國被外國視為是對企業最不友善、限制最多的國家，但還是有人嘗試自行創業，或從當今的情勢中脫穎而出，拓展他們個人的自由；他們排除社會上的重重阻礙，勇敢實踐自我。

和企業家、特別是中小企業家聊天，常常令我印象深刻。他們必須承擔的風險與資金非常龐大，例如建一座新廠房、購買機器、創造工作機會。「最後他們還不是賺進大把鈔票嘛！」我常會從一般人口中聽到這種直接的反應。不過在所有的投資行動中，企業家總是要預先支付龐大的資金，因為一開始，他們都還沒有賣出任何東西。除了找到客戶以外，他們還必須做一件如今越來越難的事：找到好員工。「員工需要多長時間才能真正為公司帶來價值呢？」許多高階主管們都異口同聲地說：「最少一年，通常需要三年，端看企業專業化的程度而定。」

頭幾年，公司還沒有開始獲利，還達不到預期的投資報酬率，員工也還不具生產力，企業就是這樣單純地撐下去。這時候什麼事都有可能發生：市場崩跌、幣值走貶、天災人禍、疾病蔓延、隔壁的競爭對手推出了更棒的創新方案……無論怎麼看，企業家要承擔的風險都巨大無比。

這背後隱藏的是令人意想不到的付出，但卻很少獲得社會的認可，這點

企業家要承擔的風險巨大無比。

讓人感到訝異。不過，一旦企業家濫用他的權力（很遺憾地，這的確會發生），他就會遭到懲罰，還要遭媒體撻伐數週、甚至數個月之久，而且，還不是以某某先生或某某小姐這種個人名義被報導出來，而是把所有有名的企業家都拖下水了。

國家也沒有對企業表現出感激之情。當企業營運績效良好時，它必須支付的稅金高到令財務緊縮，但國家對企業的規範及資金分配要求，未來只會更多。根據平等福利聯合總會（der Paritätische Wohlfahrtsverband）最新的一項問卷調查結果：有四分之三的德國人希望國家對高收入者課更高的稅，來援助國家的社會支出。

儘管如此，每年自行創業當老闆的人還是繼續增加。我常常問自己，究竟還有多少人想從事這麼困難的工作呢？

人們對於德國企業界的要求已經有點失衡。強者固然應照顧弱者，才不失為是一個社會福利國家，不過，有個事實經常被忽略：承擔責任會使人變得強大，將責任交付給別人則會使人變得弱小。

其實，德國現在的經濟仍然維持強勢，那真算是奇蹟。不過樂於承擔責任的人，能力終歸有限。我常和這些人在工作上接觸，他們時常被逼到極限，

承擔責任會使人變得強大，
將責任交付給別人則會使人變得弱小。

所以無論如何，都需要更多可以承擔責任的人，而現在明顯仍不足夠。

請不要告訴我真相！

民主體制採取的是多數決。如果現在多數人拒絕負責，只有少數人還有熱情，願意承擔責任的話，那會變得怎麼樣呢？

直接把氣出在某個無能的政治人物上？這種事我不會做。當我和政治人物聊天的時候，常對於他們的見解與聰明才智感到欣喜。與他們的工作量相比，我們付給政治人物的薪水，真是其差無比，他們可能是為了實現理想，當然還包括追求個人的影響力才從政的，這點我也覺得很正常。

德國大多數的政治人物都很清楚，德國社會財政預算支出中的每一塊錢，都是企業賺來的。國家自由與責任的大門變得越來越窄，這不是政治人物的錯，而是我們這些選民的錯。我們得到的正是我們當初要求的：愈來愈受侷限的自由。

這點從持續增加的國家財政預算，就可輕易看出。每多一個能為自己負責的人，就可以為國家多分攤一些責任，並少一個國家必須照料的人。國家

我們得到的正是我們當初要求的：
越來越侷限的自由。

替人民承擔的責任愈多，就會萎縮得愈嚴重。

你認識的人當中，有多少人在為大環境默默地付出呢？又有多少人利用自己的權力，讓自己感覺到被需要呢？就是這樣，每個人為自己創造的存在理由不盡相同。德國政府在一九六〇年代，每年約支出四百二十億馬克，到了今日則是約三千億歐元！但糟糕的是，在這段時間內，人口並沒有跟著增加七倍以上。

在這段期間內，私人企業的發展情形也跟著走下坡，這個衰退的情況，卻被一小撮仍願意承擔責任與風險的能者彌補、支撐著。此時，依賴的一端和負責的一端同樣強大，所以我們獲得兩種結果：經濟上破紀錄的營業額，隨之而來的是創新高的稅收，也代表著創新高的國家支出。

換句話說：無論是收入還是責任，差距日漸加大是很危險的，因為人民的不滿從來就不是因為財富的不足而增加，而是因為貧富差距加大而增加。

隨之而來的後果是：貧（德國標準中的「貧窮」）富差距愈大，民眾的怒氣就愈大，時機一到就會爆發。

德國的政黨目前還算聰明，他們藉由整合不滿意見，聽取了政黨邊緣不同的聲音。不過，整個歐洲的情況都是如此——政治極端主義愈來愈明顯，

社會差距只有在我們提倡「責任制」時，才會縮小。

這是因為資源的大量重新分配所致。

國家資源的重新分配減少了責任。社會的差距只有在我們提倡盡責任制時才會縮小。

不過，要如何提倡責任制呢？在要求的同時也該提供資助，換言之，用表現換取回報。許多政治人物也意識到這一點，他們嘗試去做，但進展緩慢，因為這項見解，違背了人民習慣的國家資源重新分配的理念。

舉個例子：德國人退休年齡被訂得老高，因為這對於人們日漸增加的平均壽命來說，才是公平的做法。但是政治人物贏得選舉後，為了實現選前諾言，就會把數字向下調，但過了不久之後，這個數字又不得不被提高，因為我們根本無力負擔背後的成本。另一個例子：《議程二〇一〇》（die Agenda 2010）試著提倡工作市場中的自我責任觀念，它也成功了：這個方向是對的，工作市場逐漸好轉。正面的結果也呈現在下一屆立法院會期中，而所有公開要求人們負起更多責任的政治人物則落選了。傑哈德．施若德（Gerhard Schröder）就是這樣，因為《議程二〇一〇》，他為此付出的代價就是政治生涯劃下句點。

所以我們需要的，是那些說好話來為人民謀福利的政治人物，他們承諾做好事（要不然他們就選不上），接著對我們負責（因為也沒其他辦法），我們顯然也不想要其他的辦法。反觀那些直言、想做正確的事的政治人物們，根本就沒有任何機會。梅克爾（Angela Merkel）的行事方式就十分地足智多謀……

靠自己最實在

將責任移交給別人的人，一開始會感覺卸下了負擔，但這是個錯覺，因為整體來說，移交責任會讓人變得更不自由、耗費更多精力。自我責任就像毒品，唯有了解它時，它才會成為具療效的藥品，想要負起責任，就如同臥薪嘗膽一樣，把責任變成生活的一部分。

在我從墨西哥的岩石上從事跳水活動、損傷肩頸之後，我躺在腰椎護理床上好幾個星期，想著瓦礫般的破碎人生。我突然有了很多與自己相處的時間，並且釐清事情的前因後果：誰要為我個人的意外負責？我在每個可能的人身上找尋罪惡之源。仔細思考過後，出現了無數個天大問號：「為什麼是我？為什麼這件事一定得發生在我身上？是什麼讓我走到這個地步的？在那

移交責任會讓人變得更不自由。

個讓我想極力展現自我的社會中，人人都追求表現，難道是這個社會的錯嗎？我父母野心勃勃，以優秀表現賺取愛的方式來教育我，難道是他們的錯嗎？還是跟我一起到墨西哥玩的朋友？在家裡我明明就過得好好的，就是因為朋友的關係，一起出門旅行，難道是他的錯嗎？」

我急忙思考各種可以撇清責任的藉口，想把責任推到別人身上，不願自己承擔。這個負荷太重了，我把自己視為惡劣情況中的犧牲者、受害人，不想背負這一切。

而結果就是：我持續變得軟弱、愛抱怨、覺得自己可憐。我失去了生活的力氣，像是條癱軟的小香腸萎縮在竹籤上，和生活賭氣、爭吵，困在床上，就像在烤肉架上一樣翻來翻去，這一秒看到的是地板，下一秒是天花板。

我陷在自我憐憫的情緒裡越深，就越沒有做事的動力。摒棄自我責任之後，每過一天，我就更難找到可以克服一切的起始點。要能夠重新生活下去，我需要力氣，卻不知道要如何獲得。

等了很久，才終於出現了轉捩點。請你想像，當你上了一台車，聞到司機身上散發著濃濃的酒氣，最後發生車禍。請問誰要負責？司機要負責，因為酒是他喝的嗎？還是你自己的責任，因為你上了一個酒後駕駛人的車？

陷在自我憐憫的情緒裡越深，
就越沒有做事的動力。

我的一個朋友成功應徵上某家鐵腕領導的家族企業。這個人大肆抱怨他的上司如何嚴格待他。我說：「這點你明明就知道得一清二楚！你應徵之前，我們甚至還討論過，你無論如何還是想去應徵。你是不是覺得自己可以改變他呢？」

一個我認識的女生，和一個換女友如換衣服般快速的男人交往，他的對象都是同一種類型的女生，只是越換越年輕罷了。當輪到她被換掉時，她大嘆不公平，抱怨這個男人沒有道德，還破口大罵了他的新女友。但依照這個邏輯，她自己當了第三者，擠掉前一位女友的事，她倒是忘得一乾二淨，自己的事就是不一樣，她曾經以為自己可以斷掉這條鎖鏈，改變這個男人……

我還認識一位年過八十的企業家，他讓兒子接手管理他一手打造的成功企業，結果我們並不陌生：他沒辦法真的放手。起初，他抱怨沒有被告知公司內部的消息，他感到愈發不安，因為他親自創建的事業逐漸與他切割。退休生活一點也沒為他帶來寧靜。

不過他並沒有叫苦連天，反而捫心自問，如何才能得到更多資訊，讓他感受到必要的安全感。雖然年事已高，他仍然願意再踏出一大步。他向年輕人請教：如果鮮少出現在公司，要怎麼得到公司的資訊？年輕員工立刻明白他的意思——他只需要一支智慧型手機。如此一來，他就可以隨時隨地，透過一個被保護的管道，讀取企業評估、訂單狀況及顧客滿意度統計表。他也欣然接受了這個建議。最近他到我這裡來，眼裡閃爍著光芒，向我展示新買的智慧型手機，他每天的工作就是研究如何使用手機上的所有功能，這對他來說是件非常費力的事，但卻讓他感到很快樂，因為這代表了成長、發展、參與、分享。同時他用手機做其他的事，得心應手地上網、使用應用程式。他的不安消失地無影無蹤，也為自己帶來更多的安全感。

*

希望國家或某人為你撐起保護傘是沒有用的，你還是得付出代價：國家給我們越多保護，我們就越需要它；社會給我們更多安全感，我們就活得越依賴。依賴意味著不安定，社會中的成員變得越不安，整個社會就變得越弱小。我們要如何在這個基礎上感到更安定呢？

意外發生後，我待在復健中心，三個月後我開始了自我毀滅般的生活——全然承擔意外的責任。這是怎麼發生的？我做了一個決定，一個既困難卻簡單的決定。用著名的演說家烏庫斯．圖利烏斯．西塞羅（Marcus Tullius Cicero）的話來說就是：「下了決定之後，煩惱就消失了。」

沒錯，是我自己要和朋友一起去墨西哥旅行的，也是我自己決定要跳水的，我甚至還在感到不安的情況下，又跳了一次，都是我自己造成的。是我讓自己在輪椅上度過餘生的，這就是全部。

我勇敢地面對現實，從那一刻開始，我就清醒過來了，突然間，我又重拾力氣，力氣一天比一天強大，我又有了做事的力量。我頓時越來越確切地意識到，過去我承擔的責任實在是太少了。

我是許多活生生的例子之一：承擔責任會讓人變強大！想要得到安全感的人，應該停止在外部世界尋找它，因為每個人都只能在自己的內心裡找到它，也包括你！

承擔責任會讓人變強大！

教育我！

當我升上高二，要選擇必修科目時，幾乎不假思索地想到了「數學」。我愛死它那清楚的結構與邏輯了！可惜這並不代表我擅長數學……

我還有第二門必修科目要選，我最擅長的是體育，無論是力量、速度、協調度與耐力都有優異的表現。我懂得如何調控身體、訓練有素，體能正處於巔峰，一定可以在畢業考中獲得好成績。

四處打聽之後，我得知我選擇的必修科目組合基本可行，但是我的高中過去從來沒有提供體育做為必修科目，於是我帶著滿腔的熱情去找校長，請他為我們開設一門體育課。

他思索了一下，出了難題給我：你至少要找到九名想上體育的學生，課程才能成立。

這位領導者自詡下了著好棋，他試圖挑戰我的決心：「讓我看看你有多麼渴望體育課！」

於是，我開始在高年級生中找尋想選修體育課的學生。當我想做好一件事時，我就能做得很好，更何況當時極力想達成校長開的條件。我只花了兩天就取得九名學生的連署，驕傲地帶著這份名單去找校長。

我將名單遞到他的面前，嘴角不住地得意上揚。校長遲疑了一下，目光越過手上的紙張邊緣，定睛在我臉上，然後清了清嗓子：「體育課還是開不成。」

在那一秒鐘，這名男性在我心目中權威掃地，成了沒有意志的人偶。我頓時了解到，他打從一開始就不打算開課，這讓我很受傷。找到九名學生只是要讓我知難而退，但是他低估了我。儘管這種情況在我往後的人生中還會出現，但在此時此刻，得不到想要的結果，使我感到被愚弄了。

這次的傷害狠狠地掐住我的脖子，讓我呼吸困難。我的靈魂已經逃離了學校，不久之後，我也真的離開了學校。我可不想讓我的未來葬送在這個軟弱失信的人手上，如果他有擔當，就應該遵守承諾開課，即使這門課並不在他的預期之內。

當時我決定去完成自己的計畫：選修數學及體育。只是地點不在特羅辛根（Trossingen），而是鄰近的史派辛根（Spaichingen），我猜他們會歡迎一位在網球賽中屢次獲勝而小有名氣的轉學生，並且將我的轉學視為是一種勝利——對於這座小鎮來說確實如此。順帶一提，這兩所學校目前已擁有共同開設的體育課程……

八年後，當我發生意外躺在醫院、尋找精神支柱時，那位高中校長派人送來一些教科書及學習影片，他異常關心我的遭遇，不過卻沒有親自來探望我。顯然他對我的事放心不下，滿懷愧疚。後來我們曾在活動中巧遇彼此，但他卻避開眼神不敢與我對視。

事出必有因。

建立你自己的想法吧！

在與我巧遇的場合裡，他不知道如何應對，我也不想對他多加批評，因為他其實也算是個好校長。不過，他和我這種滿腔熱情、不按常理思考的人無法共處，因為我們並非同類。在他的觀念裡，校長對學生必須一視同仁，不能有差別待遇。他當然也希望學生表現優異，不過那僅止於知識或智力上的好成績，至於情緒控管能力、體力旺盛的類型，就不是學校所認可的了。他們太麻煩了。在那所學校中，學生必須遵守如下規範：循規蹈矩，不要特立獨行；乖乖排隊，不要岔出或脫隊。唯有如此，才能在學校經營的有機肥料桶裡繼續滋生。但是在這種環境中所學到的，根本就和如何進入實際人生無關。

我認為真正的生活教育是在離開學校之後才開始的。雖然過去這幾年來，學校教育對實質的人生及人格培養已經明顯著重，但仍有許多可以增進的空間。

我很想告訴你重點究竟是什麼：在字源學上，「教育」和「創造」、「強化」、「形塑」、「成為」等詞彙同源。教育的重點在於養成，旨在開發每個人的潛質，即我們現在熟知的「個人發展」。用「人格訓練」來表達又更貼切，這就是重點所在：少一點知識訓練，多一點人格訓練！

受教育意指認識並全面地理解他人。理解並不代表認同，這個區別能讓你了解到它包含許多層面。哥德（Goethe）是這麼形容的：「花三分之一的

受教育代表了解他人。

心思讀書，三分之二的心思生活，心靈才會發展得健全。」

科學對個人發展僅有部分貢獻，它固然很重要，但只是輔佐而不是軸心。除了科學，個人發展還受到社會文化、邏輯、世界走向、心靈成長、情緒與動力（動機）、心理學、靈性、藝術，以及人類在政治、經濟及社會中創造的系統影響。然而，教育並非只專注在對於外部世界的了解，還有內心世界：教育的核心是一條認識自我的路，最後，所有的一切都是為了發現，潛藏在我內心的事物為何。葡萄牙詩人費南多．佩索亞（Fernando Pessoa）說：**「我們所見的其實並非如我們所見的模樣，它根本就是我們自身的反射。」**這是一個深刻的觀點，也是我持續思索的課題。

教育基本上是高度講求個人化的。一個人受的教育越多，他展現出的興趣及技能就越個人化。因此，教育拉大了人與人之間的差異：一個人受的教育越多越與眾不同。一個社會受到的教育越多，塑造出的公民就越多樣化。

如此一來，我們也可以清楚了解到，為什麼在學校這個教育場合中比較不注重個人發展，而是偏向知識傳遞及一視同仁的地方：尤其是對於那些比較特別、較一意孤行、超乎尋常的人來說，他們經常無法適應我們的教育體系。

教育的核心是一條認識自我的路。

我們是為了學校學習！

基於這個教育體系，我們挑選出的老師，不是開發人類潛能的人，而是最適合現行教學理念的那些人。學校教育被認為是傳遞最原始的學科知識的啟蒙教育，因此，一個平衡的教育必須建立在另外四個基礎上：知識與經驗能培養出能力，目標清晰乘以自信就等於付出與投入。知識、經驗、目標與自信，是全心投注與能力發揮的控制鈕。光有知識早就無法培養出足夠的能力了，也不再能激勵人付出心力，讓人無法在日後毅然決然走自己的路。

選擇教育人才也應該跟隨這個理念。**唯有先前有過工作經驗的人，才可以當老師，有工作經驗的人才知道，經濟實際上是如何運作的**。老師必須對孩子傳遞的最重要的訊息是：生活帶給人愉悅，而在經濟領域中工作也會帶來愉悅。所以值得為此下工夫。老師們必須在他們的實習過程中，有過銷售或為人服務的經驗。對於企業、富人或經濟有成見的人，沒有資格當老師。其實光是在書裡寫下這些意見，就已經夠令人吃驚的了。事實上，學校應該為孩子打開一條道路，好讓他們日後在商業領域能夠有所成就，他們的目標絕不是被政客驅策的那種平等。

對於經濟發展有成見的人，沒有資格當老師。

然而，現今的教育體系中，對於達到這個目的的真正教育，沒有展現出太大興趣。其目標是幫助年輕人找出他們究竟是誰、長處為何，他們的人生使命為何。大學長期以來仍只是被當成是各級學校的延伸教育而已。許多教授鼓勵他們最優秀的學生朝學術及教育之路邁進，而不是引領他們進入商業領域。還好有越來越多的教師們不把經濟體系視為癌症，而將其視為是人類發展中充滿挑戰與刺激的一環，教育界正是需要更多這種英才。

國高中、小學及大學必須成為珍惜個人天性、培養個別天賦的場所，讓個人在融入社會大我的過程中沒有困難，就像單簧管手融入交響樂團一樣。學校要為學子指引一條朝「自我認知」方向前進的路，學校裡有許多訓練有素的師資，他們理解年輕人，並且能將他們內心蘊蓄的天賦及特色激發出來。這些人心胸寬闊，因為他們會因發掘他人的潛能並加以培養而愉悅。

「受過教育」，就是進一步了解自己。但是各級學校及大學卻往往做不到這點。

世界上存在著優秀的父母、傑出的校長、出色的老師以及一些值得做為典範的教授。有時候，出類拔萃的個人能彌補這個集體水平的系統，而非造成威脅。在此期間，有些校長會邀請一些企業家或人格訓練講師到學校來，

「受過教育」就是進一步了解自己。

這是一個值得多加仿效的好方法，因為孩子畢業後何去何從的問題，可以藉此得到啟發。

知識的人工呼吸

人們對於教育的觀念普遍上都是：學校應盡可能給予所有人相同受教育的機會。每個人應該得到相同的機會，這點我覺得很好，不過，每個人都可以有相同受教育的機會嗎？這是披著人道主義的謊言。

擁有受教育的機會，除了個人可能性之外，還要看他的意願。受教育的可能性並不少，它們只是不盡相同罷了，因為每個年輕人成長的環境實在有差異。沒有人可以保證，有酒癮、無能力工作的父母所養育的孩子，與企業家的孩子擁有相同的教育機會。事實上，教育與日常生活息息相關。

現有的各式各樣受教育的機會，可以透過意願及興趣取得平衡，且要看是要培養或者扼殺這些意願與興趣。

年輕人會向他們的榜樣看齊，他們的興趣會被激發，有朝一日也想像這些良師、大師、教育者一樣：有他們今日的地位。德國的職業教育在這方面

每個人都能得到相同的受教育的機會？這是謊言。

做得很成功，學生們在此可以向典範學習。

當然，有許多父母、體育社團裡的教練、公司裡的領導人，也是很好的典範，而老師及教授們也可以、且應該成為典範。

*

教育體系運行得還不是那麼理想，因為典範及榜樣的樹立並不被學校教育當成一回事。而且，我們也不直接要求國家或社會改善教育體系的缺失。所謂要求被教育的合法權利，其實是無稽之談。

為什麼？因為它根本就不存在。長期以來，人類只能夠自己教育自己。人類可以短暫地被餵食或藉由呼吸器呼吸，但是要持續地被教育，是不可能的。

「教育我」完全是一個消費別人的態度，不過藉由純粹的知識消費，我們可以知道一點，那就是我們的孩子學到的遠遠不夠——絕對不該只是知識而已。

人們只能夠持續地自我教育。

分攤的痛苦

為人父的我，在對教育體系提出合理批評，對公家機關提出要求的同時，應該以現實的角度為出發點做思考。舉例來說，雖然國家賦予學校甚至托兒所一個「教育的任務」，但這些機構真的辦得到嗎？

隨著年紀增長，生長環境對於孩子的影響力會日漸增大，這是非常正常的事。孩子會像海綿般吸收資訊及觀感，因為模仿是最快的一種學習方式。他們吸收所有新的、有趣的事物，並且想身體力行：行為、思考、語言。一所學校或托兒所的文化，也會對孩子造成影響。

父母對於這類影響很清楚，他們要求這些機構接下教養他們孩子的責任，而且要最好的幼教人員、最有能力的學校老師、最好的環境來執行。問題是這些要求合理嗎？父母的要求到底是否有被履行的可能？

我還清楚記得，我女兒曾經把從托兒所學到的、具有強烈性暗示的髒話帶回家裡。當這個可愛的小女孩在餐桌上熱烈地爆出這個字眼時，我們瞬間暫停了呼吸，手裡的餐具差點就要掉在地上。

沒錯，這個字對小孩來說是個禁忌，這是托兒所的錯嗎？是幼教老師不盡責嗎？我們的女兒在那裡到底學了什麼事？為什麼會變成這樣？這個地方對小孩來說是什麼、那裡用的是什麼樣的語言、老師們對於這種情況有什麼應對措施？怎麼有可能會發生這種事呢？

這一連串的問號在第一時間出現在我的腦中，我腦中自動閃過四個念頭。第一：這不可能、也不應該發生；第二：有人該為此負責；第三：這必然是被外面的人影響了，因為她不會從我們這裡學到這個詞；第四：我要罵翻這間托兒所。

大部分的父母都以為：只要孩子吸收的事物來自於雙親，那就不會有問題。因為我們給孩子的一定都是好的，我們知道該怎麼做。但是忽然有一天，大事不妙，四周環境開始影響孩子，他連講話方式都變了樣；突然之間，小孩開始接受外來灌輸的想法，他越出了界線！對於為人父母者來說，無異於家庭遭歹徒入侵、家鄉被外族侵略。而又因為父母親在情感上和小孩太緊密了，他們缺乏全面觀照所必須的距離，而無法冷靜思考。他們的認知扭曲了。

我女兒當然很開心，她看到我們驚嚇的表情，忍不住大笑起來，這個字起作用了，可以帶來她想要的注意力，而且是百分之百命中。所以她立刻又講了一次這個字，屢試不爽。

接著，我們夫婦終於恍然大悟：女兒壓根兒就不知道這個字的意思。她只是發現這個字帶有魔力：假如我說這個字，大人就會露出驚訝的表情，每個人都會盯著我看，這真好玩！這個字的意義根本就不是重點。

外在主導

為人父母者必須明白，他們不能在把教養孩子的重任交給國家的同時，又預期得到某種結果。那好像是在說：這件事交給你來做，但要按照我想要的方式。

是的，自己的孩子當然是最聰明、最可愛、最乖巧的，他們是未來的諾貝爾獎、奧斯卡獎得主，是下一屆超級名模及奧運金牌贏家，是未來的愛因斯坦。我不曾從哪位父母的口中聽過：「我的小孩反應有點遲鈍，但我就是喜歡他這種呆呆的樣子。」有趣的是，這些孩子該如何成長茁壯、發展自我？如果連他們的父母都不曾發現自己的獨特之處，更別說要他們自己發揮運用這些特長。他們自己在職場上原地踏步，沒有進展及表現，因此很不快樂。不過，「學校必須保証不讓我們的小孩重蹈覆轍，國家必須想辦法，因為我們已經繳納了稅金。」

期許孩子有朝一日成功、變得漂亮、過得幸福，是父母本身將優質生活的渴望投射的結果。如果自己沒辦法達成（因為得花費太多工夫、沒力氣做或做不到了），那麼就讓我的孩子過那樣的生活，而且最好不要讓我自己來想辦法。此外，帶個有教養的孩子出門也讓父母很有面子。

其實這一切根本不是為了孩子，而是為了那些想利用孩子來彌補自己生活缺憾的家長。

那麼，這件事就應該是必要的：如果要藉著孩子的成就來讓自己快樂，那麼身為父母者，就應該要認出孩子的天分、性向，並主動培養。不過這個培養的過程很辛苦，還會耗費許多時間，因此這個責任就交給公家機構去處理好了。

這當然行不通，因為學校無法顧及每一位學生的個人天賦，學校的目的只是讓全體學生擁有一致的知識基礎，而不是要培養個人的才能。

因此，為人父母者的失望是可以預期的，但是這麼做他們挺輕鬆。假如孩子將來一事無成，就可以把錯推給別人，父母就不算犯錯，也不必自責。而在拼命地推諉過錯的同時，孩子發展停滯不前、乏人管教，反倒不是那麼

弱勢的父母想利用孩子來彌補自己的不足。

重要了。

反觀國家教育機制也樂於這樣玩。父母家長這種要求的態度，以及把「教育任務」移交出去的做法，對於所謂的「教育人員」造成相當大的影響，結論就是：如果你要清算某人的罪責，就要先給予他權力，而擁有權力的感覺還不錯！但如果教育最後沒有成功，孩子的成績很差，那就是父母的錯了。幼教人員或老師總是既為孩子的學習成果驕傲，又把小孩學習失敗及個人問題推給父母：「唉，原生家庭的問題怎麼能怪到我頭上呢？」這就是最為人熟知的人性弱點：成功歸我，失敗就留給別人來收拾。

所以有句話說：「為了教好一個孩子，需要勞動全村的居民，但也少不了懦弱無能的老師。」俗話又說：「與其希望困難減少，不如學著面對困難。」學生也可以從懦弱無能的教師身上學到事情，比方說，當懦弱無能的人掌握權力時，應該如何與之應對。他們未來也一定會經歷到類似的情況。學校及托兒所的某些陰暗面其實就是一個小社會，那裡也不失為是學習應對的絕佳場所。

在整個推諉卸責的過程中，
父母反而忽略了孩子。

自行決定

教育孩子的整體責任，毫無疑問是在父母身上，並不是在老師或幼教人員身上。單就父母對孩子的影響力最為全面這一點來看，父母理所當然要負最大責任。在孩子進入青春期之前，父母對於他們來說就宛如活著的神！光是要在孩子身上投注心力，父母為此背負的責任是大到不可思議的。那是一份他們自己必須意識到的責任，因為就連父母的侷限也會影響孩子，所以**父母能給孩子最大的禮物就是不斷地自我進步、突破侷限、持續發展。**

責任的核心，就是認識到現階段的教育體制如何，和你對孩子的影響力沒有直接關係。不管如何，許多孩子最後仍會長成優秀的大人，這也足以証明，成功的教養並不會受學校制度左右。試著去改變社會體制？還是正面、直接地影響週遭環境？哪一種方法更有效？

想把孩子教養好？方法非常簡單：做他們的榜樣！過你希望孩子過的生活、成為你希望孩子成為的人。

希望孩子準時，請你先準時。希望孩子心情愉快，請你先常保愉悅。希望孩子尊敬他人，你就該先對人展現敬意——特別是對幼教人員及教師。希

與其希望困難減少，
不如學著面對困難。

望孩子不要說謊，請你先保持誠實。希望孩子承擔責任，請你先承擔責任。那麼，假如你希望孩子堅強果斷地走自己的路、過充實成功的人生呢？請你持續地實踐你的計畫和夢想。

如果你能在孩子面前變得獨立自主，他必然也會開始尋找自己的方向。你可以為此感到感激和驕傲，就算他走的不是你先前想像的路。

投資清單

我們什麼時候會充滿學習欲望呢？情況有二：第一種是源於對知識的渴望。當我們發現認識新事物是一種快樂的經驗時，我們就會想要學習；第二種是當我們想學習某種知識或技能，以便能夠運用在對我們重要的事物上時。在第一種情況裡，如何運用知識並不是很重要，但在第二種情況中，知識卻扮演舉足輕重的角色。當我們知道某項能力或知識能夠運用在何處，並且想要達成這個目標時，興趣就會油然而生。

舉例來說，我正密集地學習如何有系統地讓一家正在成長的企業，經由整合系統使其質量和成績表現愈來愈優秀；我學習在演講的時候，使用更精

如果你想要教育出獨立自主的孩子，
就請先變得獨立自主。

確的字句；我正在增進我的英文能力；我也學著如何將「責任」這麼沉重的課題，轉換成有趣的「快樂」，好讓更多人想看這本書……

我很清楚自己學習的目的。每當我做一件事，都能學到某些事情。我感受到每個生命階段中的情感邏輯，然後興致就產生了。有了興致，就能自動自發。如果我持續學習與進步，是因為我有計畫要做某些事，這樣學習才有意義，這就是我運作的方式。

若非如此，學習就不會有結果。當我只是因為放假沒事做，想學點西班牙文來消遣，那麼我的學習密度和進步程度，就不會如要在馬德里開一家公司來得高。

藉由這種過程，人們花費在學習上的時間與精力，就成了一種投資。我投資一個擁有技能的未來，因為這符合我個人的成長規劃。

要求社會提供教育機會或是在職訓練，其實是一種本末倒置的想法。如果我的態度從自然的「我想學習進步」變成「你要來教育我」這種心態的話，那麼受教育所花費的時間與精力，對我而言就不再是投資，而是成本了。而且，我會想將這個成本轉嫁到別人身上：「社會啊！想個什麼辦法，讓我能吸受學習吧！」

意識到目標之後，
興趣就會油然而生。

這不是很荒唐嗎？

一個要強制教育民眾的社會，被賦予了它根本不適任的權力地位。它規定人們必須學習什麼、要如何學習，而這會壓迫人們天生對學習的興趣。這麼做必然會換來失望及無感。

或者，應該說是「適得其反」。

人們對學習感到失望，因為他們認為學習很難熬且費力。然而，投入情感及腦力在學習當中，可以讓人體會無法比擬的喜悅。

*

受教與學習只有一個重點：對生命充滿好奇心。而且是深度地了解，不是評定、批評及評價它；了解，不一定要認同。也就是自己感到有興趣：對他人、動機、產品、系統、企業發生興趣。這種形式的教育，是沒有任何一間學校或大學可以有效提供的。我們希望過的生活，只有我們自己能設法獲得。每學會一種新的體驗、新的技能，我們就離目標更進一步，這是多麼棒的挑戰！

受教育／在職訓練是一種投資，
而不是成本。

告訴我，我應該做什麼！

「我這幾天都覺得很煩惱，不知道該選哪個系當主修，而它又能為我帶來什麼發展。我好怕以後找不到工作。」

「星期一我跟就業輔導員面談了……真害怕他會告訴我，目前沒有適合我的工作……」

「可惜我完全應付不了現在的就業市場，我就是不知道自己適合做什麼工作。我已經去過就業輔導站了，但他們起不了作用。」

「我怎麼知道自己適合做什麼工作？有誰能告訴我？」

「我真的很擔心我的未來……可以直接申請失業救濟金或任何補助嗎？」

以上這些匿名文章，都來自於網路論壇。學生經常在此抒發他們面臨的求職壓力。我很驚訝他們看待未來的方式。在「我應該變成什麼樣子」的背後，透露出年輕人普遍共有的危機意識。有些人還應付得來，但有些人卻深受這種恐懼的折磨。

對於未來的恐懼，反映出一個人缺乏自信、或是他所擁有的才能沒有被發展。特別是當年輕人準備跨出一大步，正要開始承擔更多責任時，他們的心裡就承載著巨大的恐懼。他們無法負荷過重的負擔，因為他們還沒有準備好。

「想要成為什麼」的意思就是，目前還有所欠缺、還達不到。而這個想法顯示出「我認為自己毫無價值可言」。

我們現在已經知道，當一個人遇到應付不來的情況時，就會做出推卸責任的直覺反應。這些年輕人不敢選擇適合自己性向的職業，他們沒有肯定自己、接受自己、考驗自己，有許多人甚至等著他人或相關機構的協助——「老師、父母或就業輔導員應該直接告訴我們該做什麼」，但是因為這根本無法消除心中的恐懼，所以他們抱著失望到網路上匿名求助，在那裡絕望地大聲疾呼。

想要成為什麼，
意指目前什麼都還做不到。

振作起來！

如果有一個人建議你「買這支股票！」而你果真買了，一年後股價只剩一半，你會對誰發脾氣呢？是那個給你建議的笨蛋，還是聽從建議的傻子呢？多數人會立即抱怨那個提供建議的人：「是你說這支股票很好，結果你卻挖了個坑讓我跳。都是因為你，害我損失了那麼多錢！都是你的錯！」

為年輕人或成年人提供職涯建議，也可能會發生上述情況。人們聽取了建議，卻在幾個月後發現這份工作不如想像中完美，它有太多狀況需要解決或克服。也許是老闆霸道不講理、公司財務緊縮、顧客要求過多、同事不好相處等等。而怪罪在某人頭上顯然痛快得多：「都是你的建議害的啦！」你一定也聽過這句：「還不都是父母的期望，我才選擇當醫生。」該怎麼說呢？最後做決定的還是你自己呀！

在人生的重要時刻選擇聽從他人建議的人，失敗時總會有推託的藉口：「這個職涯建議根本誤了我！那個老師給我的意見完全搞錯了！我爸根本就不懂我，否則他就不會逼我讀這所大學！都是老闆當初對我誘之以利，我才會上當，到這裡上班！」

在重要時刻聽從他人的人，
總有一個藉口為自己脫罪。

伴隨著選擇工作而來的許多問號，始終都沒有清楚的答案。沒有任何測驗可以說服我最適合從事何種工作。沒有絕對合適的諮詢，也沒有絕對正確的建議。

但是這也不錯。這就表示，世上並不存在任何可靠的解決之道。人們無法從外界得到有關人生方向、人生意義及職涯發展的正確答案。外人無法明確地指引你人生發展。當你期待外人能夠指引你，就意味著你的內心毫無頭緒、充滿不安。不過，成長最重要的課題之一，就是學習承受這份不安。

成人必須學會接受許多無法解釋的、未完成的事，並且耐心等待事情逐漸明朗、可以看出頭緒為止。無論是一段人際關係，或是教育、健康、工作都一樣。人們經常在還沒有搞清楚怎麼回事之前就埋首苦幹。但這就是人生，單憑一己之力不可能影響所有的事，不是每一次的行動都會帶來預期的結果。

試想，如果有一位音樂家說：「只有在唱片大賣的情況下，我才想錄製唱片，所以你要保證這張唱片會暢銷，我才要進錄音室。」或是有一位作家說：「要我寫書，你就得保證這本書會暢銷，克服我對失敗的恐懼吧！」

然而，失敗也是人生的一環。某些人不大能接受失敗。每個人都想要成

以失敗經驗換取更大的成功。

功，但是卻不一定都有以失敗的代價換取成功的心理準備。

很多的年輕人都希望能獲得一張尋寶圖，上面已標示出寶藏藏匿點，好讓他們在出發之前，就清楚知道目標。舉例來說，他們特別關注哪個產業目前比較「夯」，最好能確保收入穩定；又或者他們主修工程學，是因為所有的人都說工程師在未來幾年很搶手，「前途一片光明！」但是，極有可能在他們完成學業之後，趨勢就改變了。他們這時才恍然大悟：「我挑錯了黑馬，這份工作一點也不適合我。」

大部分的畢業生，都想要擁有一份穩定的工作與保障。而且只有在能確實提供保障的前提下，他才願意嘗試。這完全就是汽車保全險的概念嘛！

在各種平面或網路媒體上，我們經常聽到：「去做你想做的事！」、「前往你心之所嚮之地！」、「聽取你內心的聲音！」這些聽起來像是終極圓滿的話語，其實是一種流行。如果你從未發展內心的肯定、追求你意識深處的聲音，那麼這些流行的話語除了讓你一時興奮之外，不會帶來任何效果。

前提依然不變：當人愈是缺乏自覺，就愈會聽從別人的意見，也就愈無法在內心尋找適合自己的道路。

愈是缺乏自覺敏感度，
愈會聽從別人的意見。

超級大鼻子

如果你請教成功人士是如何找到自己的道路的，你不會聽到什麼順利發跡的故事。世上沒有筆直通往成功的坦途，可是人們卻對此充滿想像。他們沒有發現，成功人士的腳下踩著一座由失敗堆積而成的山，他們歷經了多次的失敗，才終於找到屬於自己的路。

舉湯瑪士．戈恰克（Thomas Gottschalk）為例。直到幾年以前，他都還稱得上是德國最當紅的主持人，他何嘗不是處處挫敗呢？求學時期，他就兼差當DJ、在天主教會當幼教老師，接著他到廣播電台擔任音樂節目的新聞播報員及主持人，因而認識了電台同事法蘭克．艾爾斯納（Frank Elstner）及君特．姚赫（Günther Jauch），這兩人成了他日後發展的重要推手。

後來，他在電視台主持音樂節目，他錄製的饒舌歌曲甚至衝上德國流行音樂排行榜第四十九名。他還主持過許多娛樂節目，如《湯米的流行音樂秀》（Thommys Pop-Show）、《有這種事！》（Na sowas！），也主持過《歐洲歌唱大賽》（Eurovision Song Contest），隨著經歷的累積，他變得越來越有名氣。他也嘗試過演戲，參與過多部喜劇類的電視電影，和麥可．克呂格

成功人士的腳下，
是一座由失敗堆積而成的山。

（Mike Krüger）一同主演的《超級大鼻子》（Die Supernasen）也好評不斷。隨後，他又為卡通角色「加菲貓」配音，並主持夜晚脫口秀節目《賴特曼風格》（a la Letterman），在各種民營電視台製作節目、主持晚會、擔任選秀節目評審、主持脫口秀。他不斷嘗試各種表演方式，甚至幫哈瑞寶（Haribo）小熊軟糖、德國郵政、麥當勞拍廣告、擔任電視台顧問……你應該已經注意到這張清單有多長了。

不過在民眾的印象中，這張清單卻非常的短。讓戈恰克一舉攀上事業巔峰的，是他主持的週六晚間家庭節目《要不要賭賭看…？》（Wetten, dass...?）。他在一九八七年時，從法蘭克．艾爾斯納手裡接下主持棒，在它短暫停播，又破例復播之後，他繼續主持了長達二十四年之久。

戈恰克的人生是由一連串嘗試、實驗、追尋所組成的。他反覆地研究、測試、尋找……不知過了多久，才遇到《要不要賭賭看…？》這個節目。這根本就是為他量身訂作的啊！當時還沒有人知道，但至少他自己很清楚。

戈恰克想在他的人生中散播歡樂、娛樂大眾，但他從未想過要成為德國最受歡迎、酬勞最高的主持人。沒有人給他任何保證，而他的職涯也不是一帆風順；他的尋寶圖上並未標示出寶藏的確切位置。雖然戈恰克嘗試了一大堆雜七雜八的工作仍未成功，但更確切地講，就是因為他嘗試了各種路子，才能在三十七歲時達到目標，並且找到人生的目的。

如果你問今日的青少年，是否準備好要忍受長年的失敗，他會瞪大眼睛並且說：「蛤？這麼晚才會成功？還要等這麼久！NO！NO！NO！我才不要等咧。」這些小孩想要從一開始就知道目的地在哪裡，他們不願付出代價，這種想法也不是他們這個世代才開始的。只是在過去，大多數人的工作老早就被規定或安排好了，被父母、環境、經濟條件給限制住了。

我自己跌跌撞撞的人生，和戈恰克的很類似。我當過網球選手、教練、吹過單簧管與薩克斯風，想把音樂家當成職業，也當過職業軍人。在我發生意外之後，我當過銷售員、產品經理、外勤主管、銷售部門主管、行銷經理……直到三十五歲那年，我才找到我想做的事。當我回過頭來檢視自己的時候，這才發現：真是時光飛逝！我人生道路的每一站，都推動著我，朝當時仍然未知的目的地再往前進一步，而每一次的失敗都成為最後成功的養分。了解自己現在不想再做的事，以及接下來更想做的事，都可以讓我更接近「我真的只想專注於我要做的事」的目標。每一次的修正也都讓我更加了解自己，讓我透過生活這所學校，越來越認識自己。不知到了何時，我忽然清楚地看見自己的使命：我要幫助人們發展自我。我可以為別人的成長、力量及茁壯提供助力。在我意識到這點以後，後續所有的事都充滿了意義。我的人生主旨明顯可見。而今日的我深信，就連我人生的意外也是這個發展環節中的一部分，我必須付出這個代價，當然，這是個超乎想像的代價。

我從一開始就意識到這一點了嗎？我對自己是深信不疑的嗎？這一路上我沒有任何懷疑與不安嗎？當然不是。只不過現在當我回頭看，可以自信且堅定地說：這就是我的道路，對此我十分感激。沒錯，就連對那場意外也是如此。

套一句齊克果的話：「生命只能在回顧時領悟，卻要在前瞻中展開。」

開始敲擊！

無論是畢業生、還是想為生活重新尋找方向的人，在找尋目標的階段，就像是小孩子玩的「敲鍋子」遊戲一樣。小孩子的雙眼因為被布矇住而什麼都看不見。擱在某處的鍋子，就好比是他們努力追尋的目標。他們只知道它應該會在某個地方，但如果只是坐在原地等待，那麼什麼事也不會發生，鍋子永遠不會自己出現。小孩子知道鍋子下藏著一塊巧克力，而要得到它的唯一方法，就是拿起木勺，設法敲到這個鍋子——任何方向都有可能。因此每當敲擊的時候，就得仔細地聽：我究竟敲中鍋子沒有？還是敲到地板了？他可能會失望無數次，發現周圍原來都是地板、地板、地板、以及地板……。但是在這過程當中，他將會獲得額外的提示。旁邊的人會朝著你大喊：「近一點、快靠近了、有點靠近了、太遠了、太遠了、更遠了、非常遠、遠得不得了、靠近一點了、有點近了、十分接近、非常接近、就快到了……」

每一次的訓練或每一份工作，都像敲擊一次手中的木勺。它是在沒有任何保證、全然不安的情況下所採取的行動。我從這世界中得到的每一則有關自己的訊息（遊戲中其他人的喊叫聲），都是對我的盲目嘗試所做的回應。每一則訊息都價值連城。這意味著，中斷學業有時也可能是一項聰明的投資。

不過，這種根據敲鍋子來決定下一步該怎麼走的方式，只會在當你分析每一次敲擊結果時，才會產生效果。換句話說，你必須仔細聆聽：為什麼現在的工作或現在受的教育並不適合你，你缺少了什麼、有哪裡不適合。如果沒有迴響、沒有人告訴你鍋子是遠是近，那麼每一次的敲擊都會先讓你迷失方向，接著，你會開始懷疑鍋子是否真的存在、是否真的只是為我一個人而存在的。這也是以前的我犯過的最大錯誤：沒有仔細分析我得到的反饋。

首先，你必須接受你真的看不見。你看不見你真正的才華、優勢以及使命在哪裡。你根本就還不知道自己的使命為何、你存在的理由為何，因為這個世界以及職場打從一開始就是這麼混亂的，而且也很難被定義。接著你必須相信，只要出發，就會找到自己的路。正如馬丁．瓦瑟（Martin Walser）所說的：「路是被行人的腳所開闢出來的。」

另一種可能的結果是，不玩了。你拆下矇住眼睛的布，決定過一種沒有鍋子及巧克力的生活。因為他們害怕為一直敲地板而找不到鍋子。追求夢想的結果就是：過著極度艱辛但卻一成不變的生活。一旦處在一個不適合你的位置上，你就很難、甚至根本不會有頂尖的表現，而到處都在要求出色的表現。被錯置的人，試著扮演一個不適合自己的角色，面臨著過高的要求與壓力。**通常一遇到壓力，人們就能看出，你適不適合這份工作。**

員工坐在不適當的位置上，就表示企業還有很多需要改進的地方。很多高中、大學畢業生都是在毫無頭緒與準備的情況下進入職場，主管們必須能看出他／她的才能在哪裡？有哪些特質對公司發展有益處？要怎麼引導才能讓其潛能發揮效果？公司值得投資栽培這個員工嗎？他／她要怎麼樣才會更有生產力、為公司創造利潤？**讓各人的才能在適當的位置上得以發揮，那麼經濟與社會也會跟著受益**。

無論如何都要堅持下去

要推動經濟全面發展，就要把員工放在合適的位置上——這種說法最常引來的反對意見便是：「怎麼可能讓每個人都做自己喜歡的事？這完全是痴人說夢。那麼還有誰來做那些骯髒的工作啊？」

這種說法讓我很生氣。誰說有髒的工作？骯髒的工作之所以被說是骯髒，是受人們的價值判斷所影響。對於那些喜歡做這類工作的人而言，這是一種侮辱。每一種工作都值得尊敬，否則它就不會存在。

如果有個人在人生某個階段，終於找到適合自己的位置，那麼他也就有理由受到尊敬。就以送貨員為例，這本來就是重要且正大光明的工作，應該獲得同樣的重視才對。而一位勤勞敬業的送貨員，理應擁有他工作的尊嚴。

無論從事什麼工作，人生中的各個階段都有值得我們學習進步的事情。

每一種工作都值得尊敬。

德國前總統約阿希姆．高克（Joachim Gauck）在他的自傳《夏日之冬，秋分之春》（Winter im Sommer–Frühling im Herbst）中提到，他年輕時曾對牧師的工作感到恐懼，面對這份責任時雖感到畏縮，不確定能否勝任這份工作，儘管如此，他還是戒慎恐懼地接下了這份工作。雖然他日益熟練，但仍不時懷疑自己。他寫道：「當時接下牧師工作的我，領悟到信仰其實是一種『無論如何都要堅持下去』的信念，它可能與眼前所見的抵觸，讓你心生懷疑，即便如此，還是得向信眾傳道。」

要與自己的疑慮共處。儘管在工作中時常感到恐懼不安，仍要勇於迎向未知的將來，把木勺緊握在手，清楚地敲擊下去，仔細聆聽生活給你的反饋，相信「鍋子就在某處」，這就是負責任的態度！

這種態度，甚至可以讓一個人成為德國總統。

就算懷疑自己，仍然堅持，
這就是負責的態度！

給我一份工作吧！

真的有所謂的「工作權」嗎？

的確，在《世界人權宣言》，即聯合國人權憲章第二十三條中，對工作權有下列描述：「人人有權工作、得自由選擇職業、享受公正且合適的工作條件，並享受免於失業的保障。」

這是多麼崇高的權利：享受免於失業的保障。彷彿是在說，每個人都可以申請工作，對工作內容不滿就可以提起訴訟，因為他有合法的權利。

不過，這最終只是聯合國的一項決議罷了，並沒有衍生出任何得以貫徹執行的法律。然而，德國在國際法上遵循了聯合國一九七六年的社會公約，其中第六條明訂，「每個人都享有自由選擇工作以維持生計的機會」。

如果我們仔細閱讀這項條文，就會發現：已經沒有人談到工作權了，而是工作機會，而且是獨立自主地工作，即絕非得到一個工作崗位的權利，因此，條文中看到的是「自由選擇」的工作。我們可以自行決定工作，我們的工作不是別人強加在我們身上的。

類似的法律條文也出現在《歐洲社會憲章》第一條中所談到的「工作權」裡：「人人必須有機會，能透過自由擇擇的工作維持生計。」此處又再次提到了「機會」以及「自由選擇」。在這些框架條件下，國家必須想辦法讓你有機會可以工作維生，而由你來決定且著手進行，自主決定，就是這樣而已。

然而，人們卻在憲法中苦苦尋找屬於公民的工作權，這很令人驚訝，不是嗎？儘管聯合國已經做出人們應該擁有工作權的決議，但事實上現行法律卻明顯受限。

如果一個人沒工作，那麼這在社會市場經濟裡，就會自動被人視為是不公正的現象。這個工作權究竟有沒有符合時代被修正呢？在過去的一百年裡，有沒有什麼基本法規被改變了？難道我們現在不應該想辦法，讓國家適當地照料每個人，讓所有的人都有工作嗎？

就讓我先不考慮法律情況，來回答這些問題吧。我們的社會中，存在著合法的工作權嗎？存在著一個被照料的基本權利嗎？存在著得到一份工作的權利嗎？

可能有人會告訴你：當然有！無論這個權利是否曾在哪個地方被具體描述，能夠証明它存在的證據就是失業金：在德國，失業者都可以得到一筆補償金，如此一來，得到一份工作的權利真的被具體落實了，最特別的是，就算是剛完成職業訓練，或一畢業就失業了的人也包含在內。如果人們沒有機會做自己想做的事，那麼他們就有透過法律，得到賠償的合法權利。

你應該已經發覺：我很不滿意這個答案。

課堂之外

唯有有所表現的人，才有權利要求回報，但「完成培訓」並非有所表現，而是一種對自己的投資，它無法成為要求回報的理由，例如要求得到一份工作，更不用說是一份在夢想領域、錢多離家近的工作了！

優秀的成績、文憑、頭銜及證書，只是別人懷疑你的能力時，你可以提出的證明而已，別人因此有理由希望，這個受過教育的人能夠成就優秀的結

唯有有所表現的人，
才有權利要求回報。

果。這是希望沒錯，但卻不是保證，這不能夠保證什麼，更無法衍生出什麼合法的權利。

接受培訓之後，只有你的工作成果算數——也就是你在工作上帶來的效益。許多剛開始只是為了賺錢的畢業生因而感到衝擊。他們以前在學校裡獲得的成績，沒辦法讓自己獲得實質的回報，而現在，公司雖然付給他們薪資，但也會在一段時間後檢視員工表現是否達到期許，以及雇用這名員工是否值得。剛出社會的新鮮人頓時得面臨重大考驗，而且必須做出成績來，這成績是字典裡查不出來的。決定個人表現有多少價值的並不是老師或教授，而是市場。一名機械工程師能否設計出精巧的智能控制系統，好讓汽車後視鏡能夠自動靈巧地收折呢？行銷專家能否設計出一項激發購買慾的促銷配套方案呢？公司的負責人在閱讀、理解財務報表時，能否思考如何讓投資、銷售及利潤達到平衡提升利益呢？物理治療師開業後，是否真的能長時間緩解病人的症狀呢？一項訓練或大學教育就是要讓人能夠有所表現、帶來結果，這才是重點。

忽然之間，這就出現了意想不到的效果：如果員工沒有在一定時間內交出特定的結果及服務品質，讓顧客滿意並購買，那麼這個結果就不只是考了

社會新鮮人面臨重大考驗——做出成績。

一張八十分或只答了部分考題的考卷而已，而是零作為！這是極有可能發生的事，而且每個人都知道，你可能整整忙了一個月，最後所有的努力卻因為價值為零，而化為烏有。學生們並不瞭解現實有多殘酷。

所以，最好能以「面對現實」的方式來實施教育訓練。過程中可不斷提醒他們，培訓、學習、在職訓練與成績，都不能算是工作成果，他們必須一再地從零開始。

市場或國家？

無論是畢業生或是那些有工作能力的長短期失業者，照顧待業者，並不是經濟市場的責任。那麼，是國家的責任嗎？很顯然地，國家視仲介工作為己任，這也就是為什麼有就業中心與職業介紹所的存在。

我認為這個主意很好，有一個單位能夠將職業的供給與需求經過配對後，幫人們找到合適的工作。經濟市場對此也展現了極高的興趣，特別是往後的幾十年，由於出生率衰退，有工作能力的人數也會大幅減少。只是有一點我不明白：這和國家有什麼關係呢？為什麼國家要干涉這件事？為什麼國家存心介入，一旦有了職缺，就立刻要把失業者送過去呢？國家其實是利用這種方式，向國民傳遞一個訊息：光靠你一個人的力量，是沒辦法找到工作的。

在我看來，如果經濟市場能夠自行組織求職單位的話，將會更有效率，例如將產業或地區分門別類，那麼那些靠自己找工作的求職者，就有一個諮詢處。我確信：如果經濟市場自行找到解決辦法，企業就不會那麼缺少高階領導人才。今日的網際網路要做到資訊透明化已經很容易了。

問題是：如果打算招募人才的企業，很快就找到願意工作的員工，且又一拍即合，那麼，雇主協會、工會、關心就業市場的政治人物、職業介紹所，就再也沒有生存下去的理由了。誰願意讓自己不再被需要呢？如此一來，某些職位就會變得多餘。其實可以很簡單的，除了制定出一個法定框架外，政治基本上不需要多忙乎，人們就得以就業。

訓練營

強調工作權會使人變得軟弱，因為這會讓他忽略，職場上的成功是取決於兩個因素：能力與願意投注的程度，也就是「能夠」與「願意」。一旦員工同時具備了這兩個因素，他在企業眼裡，就是有生產力的。

一開始，大多數人的情況是：積極參與，但能力很差。隨著能力變好，參與的程度也會出現不穩定的起伏，一直要到經過了這個過渡時期之後，參與程度與能力才會穩定地維持在高點。這個時候，這個員工才算是「得以自行運作」，他擁有良好的自我控制力、影響力也很大，這個養成過程不算短，至於其他的階段，在公司眼裡，以經濟的角度來看，都是無關緊要。如果忘了要加強自己的這兩個因素，而只是一味地強調工作權的話，將會剝奪自己內心的力量。就像每個堅強的人都能助團體一臂之力，每個軟弱的人都會扯團體後腿的道理一樣。換句話說，每一個強化自己及工作能力的人，同時也強化了社會，這雖不容易，卻是很簡單的道理：我專注在現在行得通、也辦得到的事情上，接著加強自己的能力，提高參與程度，將我的觸角延伸到另一個新的層面，在那裡讓自己更上一層樓。如此一來，我的生活裡會出現足夠的機會與可能性，當然也包括了每一個需要被克服的挫敗。

如果你認為：這種想法難道不會讓一個人在職場上，變成野心勃勃的自我中心主義者嗎？那麼我認為你掉進了政治迷思。在我看來，事實正好相

強化自己的人，
同時也強化了社會。

反，強勢的人也有很大的弱點，就因為他清楚自己的弱點，所以他需要別人的幫助，因此他會變得更有團隊精神！因為能力普通、什麼都自己做的人，他覺得自己不需要其他人，而相反地，那些知道自己弱點的人會想到其他人，或是簡而言之：強勢的人比能力普通的人更具團隊精神。

想工作的人就應該二話不說地找份工作來做，從哪裡開始都好，應對一天八小時的工時，把做出成效變成一種習慣，最好在接受職訓時就開始工作，越早越好。

過程中，每一份工作都是好工作，每一份！每一份工作都值得讓人尊敬，因為，不尊敬垃圾回收工作的人，他並不了解這份工作本身的價值。想要工作的人，必須做好專注現有事物的準備，並且從中做出成績來。「做出成績來」在這裡指的是：帶來更好的結果，提高成效。不要加班，而是加強每個小時的工作效率，這就好像運動中的訓練過程一樣，沒有訓練，就沒有人能成為世界冠軍。

你應當知道底下這個有益的觀念：**生命不會把機會浪費在那些不做準備的人身上。**

強勢的人比能力普通的人更具團隊精神。

讓我健康！

我來到這個世界上的時候什麼也沒帶，連一顆牙齒也沒有——我的命顯然不太好。我被迫與母親的身體分離，在子宮裡多麼舒適，可是突然之間，我只覺得冷而刺眼，我必須要自行呼吸，受飢餓的折磨。這時竟有人朝我的屁股猛拍，這些難道不可怕嗎？我的下場到底會如何？

起初我依賴成性，因為有人會照顧我。很快地，我就瞭解到當我想要或需要什麼東西時，只需大聲、用力、精氣飽滿地持續哭喊就好了，這時候就會有人過來哄我、讓我舒服啦！

這個過程我們每個人都經歷過，問題是：許多人到現在依然是這樣……

藉口

為什麼全世界的人面臨工作壓力時都怨聲載道呢？有人認為，忙碌已成為身分地位的表徵，忙碌意味著他擁有成功的人生。光是小孩就已經在要求過度的生活環境中成長，他們周遭所有的大人永遠背負著沉重的壓力，而那個信心十足地說自己壓力最大的人，就是當中最重要的人。

社會的腳步愈來愈快，一切都變得更複雜、更不確定，這是個資訊爆炸的年代……沒錯，這些都無可否認，只不過這些現象從二〇〇〇年開始就已經出現，而我們已習慣了這麼多年。

讓我感到驚訝的是，很少人發現一個顯而易見的原因。人總有一天會因為隨時隨地都讓人聯絡得上而病倒嗎？是誰造成這個情況？坐辦公桌會傷害背部嗎？是誰決定找這種辦公性質的工作？又是誰沒有做運動來增強肌肉組織？小孩會成為額外的負擔？是誰要生小孩的？

沒有意識到自己的責任、注意自己的健康，一旦出了問題，當然是全民埋單。某人發燒躺在床上、背痛或無論什麼問題，需要醫生及藥物，好讓自己能再回到工作崗位上，這種要求就是：親愛的國家，我生病了，現在你的

如今，忙得團團轉已成為身分地位的表徵。

醫療系統要照顧我，當然，千萬不能讓我有多餘的花費。

其實，醫生大可以說：你要減重三十公斤，注重飲食，做心血管功能訓練，上健身房加強背部訓練，那麼你就不會那麼常發燒、不會腰痠背痛，也不會有任何由壓力引發的症狀了。

只不過，這並非政治正確的說法。

我的想法是：**健康不是什麼大事，請你注意你吃了什麼、做適量的運動、平衡你的情緒，這樣就好了**，這個問題就解決了，至少已經可以說是解決了大部分的健康煩惱。

我當然要承認，世界上還有意外、運動傷害、跌倒、先天性的疾病，以及因為後天環境造成、很難避免的嚴重疾病，這也就是為什麼醫療體系必須存在的原因，就像我在經歷了那場意外之後，我在神經學專科醫院整整待了九個月，如果沒有現代的醫療，四肢癱瘓的病患只能存活幾個月。

某些人在健康方面的運氣很差，他們帶著一個很虛弱的身體構造來到這個世界，終其一生都在生病。然而，在這個情況下，我不禁要問：因為身體虛弱，所以無法向這個世界展現影響力，這是藉口嗎？

虛弱的肺

松下幸之助（Konosuke Matsushita）就是一個很好的例子：他從小身體就不好，他的肺功能不佳，長期都有呼吸道感染的困擾，身材瘦小，完全不適合做體力活。一九一八年，也就是在他二十三歲那年，他發現自己並不適合正在從事的電工工作，所以他在短時間內成立了自己的公司，他的理由是：如果他自己當老闆，那麼他就更能掌握自己的健康狀態，換句話說：如果他沒有老闆，那他就不會讓老闆失望，也不會成為任何人的負擔，於是他在大阪近郊成立了松下電器（Matsushita Electric）。

他的創業資金大約是四十歐元，此外，他手下還有三名肯為他工作的年輕人，以及一張他設計的新式燈座設計草圖。他放手去做，一開始把重點放在兩件事上：行銷與員工領導。由於肺功能不好，他無法長時間工作，所以他想辦法讓他的員工在他的領導之下，交出漂亮的銷售成績單。

這就是一個成功故事的漂亮開頭，在企業成立了五十年後，松下電器成為世界上最大的電器製造商，旗下品牌如Panasonic、JVC、Technics皆是世界聞名，特別是洗衣機、冰箱及電視都讓松下電器在世界上一舉成名。

虛弱的身體，是無法對世界展現影響力的藉口嗎？

松下幸之助在在七十九歲那年，將事業交給了他的接班人之後便退休了，後續幾年裡，他陸續發表了四十四本書，當中還有好多本是百萬銷量的暢銷書。松下幸之助被稱為「經營之神」，在日本享有非常崇高的地位。

他的肺功能問題伴隨了他一輩子，卻沒有阻止他改變這個世界的決心。最後，他留下了三十億美金的遺產，以及一家每年營業額高達四百億美金的企業，他因肺炎逝世，享年九十四歲。

一個病了一輩子的企業家，和我們對英雄神話的印象並不吻合，一名企業家必須是強壯、努力不懈、有魅力且登峰造極的人物才行，永遠是那個走在眾人之前、最快、最強、最優秀的人！在我的眼裡，松下幸之助就是一個英雄人物，他單純地**觀察自己所擁有及缺少的東西，接著他專注於他所擁有的事物上，即一顆聰明的腦袋，以及對產品及用人的直覺，並從中做出成績。**松下幸之助變成了人類發展專家：他成功地領導員工，創造出舉世聞名的成績，他不必時時刻刻都在場參與，以致於對他的健康造成負荷，就是這樣他才會那麼有影響力。

如果帶著健康狀況不佳的身體，都能夠打造出國際級的企業，那麼相較之下，抱怨壓力與負荷過重的行為又顯得如何呢？

健保費

排除先天基因因素，絕大多數情況裡，「疾病」並不會平白無故出現。大多數的疾病都是健康惡化的結果，也是由有害健康的生活方式、不良習慣所帶來的後果。如果我很容易感冒，那肯定有原因，不是我的免疫系統變弱了，就是我沒有努力強化它。絕大多數的病都是忽略健康的結果，生病既不是件好事，也不是件壞事，它只是傳達來自身體的訊息。

每個症狀都是徵兆。身為演講者，如果嗓子跟我抗議，讓我說不出話了，我就知道應該閉上嘴巴，休息幾天就好。如果我嚴正看待這個徵兆，遵守這個原則，那麼我的聲音過不久就會自動恢復。

然而，如果我忽略這則訊息，囫圇吞下幾顆藥丸又繼續講話，那麼生重病只是早晚的事，我也無需感到訝異。

醫生或醫療體系有責任讓我恢復健康，這種信念基本上是一種國民病，問題就出在這種有所求的態度：「醫生，你要讓我健康哦！」而不是：「醫生，我要怎麼才能恢復健康，如何從病痛中學會健康生活的教訓？」

一旦生病了，就有醫療體系在背後替你撐腰。這個體系應該改名「疾病體系」才對。請你試想：什麼時候你才會使用醫療體系的資源？是生病還是健康的時候？如果你的身體狀況良好，就不會得到任何醫療照護。而當你病得愈重，得到的醫療照護就越多。醫生的觀點也是如此：能夠賺你的錢，是因為你生病，而不是你健康。

難怪人們的疾病預防意識逐漸升高。「疾病保險」已經逐漸轉變為「健康保險」。情況只會越來越好，有特別針對預防健康製作的手冊、還有提供給背部傷患的健身房補助、背部訓練課程補助，企業中還有健康管裡的措施（醫療保健其實不在企業的責任範圍內）。方向大致已經對了，不過，執行範圍至今仍限縮於順勢療法的預防措施上。

因此，社會上逐漸形成了一股為自己健康負責的風氣，例如禁菸潮就足以說明這個現象；慢跑成了全民運動，健身房也雨後春筍般到處開張。健康飲食的觀念受到民眾關注，無論是在烹飪節目或健康指南／食療書籍中，還是相關議題的研討會、演講，特別是藉助網路的推廣。在沒有國家資助的情況下，民眾逐漸地從國家贊助的德國營養學會（Deutschen Gesellschaft für Ernährung）所推薦的奇怪飲食清單中解放出來。民眾自己慢慢了解到，被官方推薦的飲食中，還是有太多碳水化合物，這也是許多現代文明病的主因，特別是過重的問題。

健康完全是自己應該要留意的事情，這份意識正在增強。我很確信腿部截肢者還抽菸的這個荒誕景象，在幾十年後回過頭來看，人們只會搖頭而已。抽菸抽到腿都沒了，還是花費他人的錢接受手術的，他卻可以繼續抽菸，繼續接受治療，且繼續被國家養。

這，到底是為什麼呀？

病了，何必呢？

在我們的社會裡，疾病總是被當作極度負面、必須被剷除的東西。不過，患者在情感面上卻是大獲全勝。我很早就發現這件事了。我還清楚地記得那個跟我同年級的女孩史黛芬妮。有天她手腕上包著繃帶及皮袖套來上課。「你怎麼了？」、「你還好嗎？」、「為什麼你要纏上繃帶？」她的回答是：我得了腱鞘炎！所有的人都驚訝地看著她，「噢，會痛嗎？」她脫下袖套、鬆開繃帶、碰了碰嚴重受傷的手腕，大家都對她表示同情。

很快地，腱鞘炎竟然就在全校流行起來了，突然間，十個、十五個同年

疾病被視為是負面之物。

級的孩子手上都戴著袖套，很顯然地，疾病擴散開來了。這裡的謎團是：腱鞘炎是藉由病毒在空氣中傳播的嗎？

如今我問自己：每件單一個案，不是都要有一位醫生診斷出病徵，並且為其治療才對嗎？

坐在輪椅上的我，也感受到同樣的模式。你覺得有多少人在我出差的旅程中主動上前來關心我的？坐輪椅——軟弱——同情，就是標準的反應鏈。一旦人們意識到，我對於這個模式展現冷漠態度，他們的同情頓時就會變成反感。可惜的是，我知道有很多殘障人士很喜歡在火上加油，主要是為了得到同情，這種人就是抱怨高手，當他們缺乏同情的關注力時就會這麼做，這種情況很多。但願他們能知道，這麼做會把自己傷得多深。

到了今日，醫療體系大致上也還是這麼運作的：它給了人們一個錯誤的關注，無論是在醫生身上或個人生活中，生病的人會讓人感到惋惜，得到關注，一份平常難以得到的關注。一位跟我很熟的醫生有次向我坦白，很多寂寞的病患因為想要閒聊，所以來找他，治療完全變成其次。

如果我們能下同樣的工夫，向人們解釋，並且要求他們為自己的健康負責，那麼德國會變得更健康，醫療上的花費也會大幅下降。

我們已經朝著這個方向前進了，健康的轉型之路是自然成形的，由民眾內心油然而生的。舉例來說，我真的很高興，在上一次的豬流感疫情中，國家大聲疾呼民眾應接受疫苗這件事，並沒有獲得任何響應。民眾自己在網路上獲得資訊，沒有正視施打疫苗的建議，對於世界末日的說法一點也不買帳。《每日新聞》（heute Journals）的當家主播克勞斯．克雷柏（Klaus Kleber）甚至在節目上，為引起民眾不必要的恐慌而公開道歉。國家最後還剩下好幾百萬劑疫苗，最後，人們在被事先恐嚇、緊急預防的情況下，還是度過疫情了。

此外，現在醫生遇到的病人，他們能得到的資訊越來越多，並不會全照醫生的話來做。有次，我兒子鼻樑摔斷的時候，第一位醫生想馬上照X光，看過之後說要立刻動手術。每當病情被講得很嚴重的時候，人都應該先冷靜地思考一番。我兒子想先回家冷靜地和家人討論這件事，醫生因此覺得受辱。我們後來還是決定聽聽其他人的意見。

第二位醫生觸診之後說：「什麼？動手術嗎？等等……」他麻醉了鼻翼，三兩下就把鼻子給接合了。

你不能把維持健康的責任，掛在候診室的衣帽架上，它必須跟著你進去

你不能把維持自己健康的責任交給別人。

看醫生。如果我去看醫生：你覺得誰會更了解癱瘓的不便呢？是醫生還是我？我能指望所有醫生都是治療癱瘓的專家嗎？這是誰的責任？

讓信差活下去吧！

我們必須擺脫疾病是負面、不受歡迎的這個觀念。而我們也不應該一再想著，要移除所有關於醫生、醫院、疾病保險、關心健康議題的政治人物等等的負面印象。

疾病說穿了就是一個訊息，一個生活要傳遞給我們的訊息，一種回饋。它說的是：「暫停一下手邊工作，想一想，做點改變吧！」我們的任務是接受並解讀這則訊息，從中得到結論。

我們必須停止評價病症，它們既不好也不壞，它們只是單純為一種資訊。你的身體就是無法用任何一種語言來告訴你，哪裡出問題了。與其對抗病魔，不如先學習了解這些疾病。所有的事普遍都一樣：與全然陌生的事物對抗，不如先試著了解它。不是疾病必須被對抗，而是要找出原因且消除它。疾病只是一個信息而已……

疾病說穿了，就是一個訊息。

如果我們的醫療體系有了轉變，讓病人必須共同負擔「所有的」醫療花費，那麼就會對我們有莫大的幫助，醫療支出也會因此大幅降低。光是共同負擔費用一事就會讓人重新思考。出於這個原因，**我也反對長期定約的醫療保險及直接扣款授權，無論是疾病保險付帳或是其他方面都一樣，這會讓人變得盲目及懶散**。此外，對於帳單的意義及必要性也得進行思考，才會讓人保持清醒。讓每位投保人——不僅限於私人投保者——都可以從診所、醫院、健康中心那裡收到帳單，應是較為聰明的做法。如果病患們能夠親眼檢查每一筆帳單的流向，就能大幅減少醫療資源浪費的情況。因為他們當然會關心這些支付的費用。這將降低不必要的醫療資源浪費及誤診的機率。

我相信，國家掌控制度體會到人民意識的轉變，進而提倡自我責任，而非抑制自我責任，只是時間問題。民主體制中的政治，從來就不是領頭羊，而是跟隨著集體人民的意識而來，這是必須被了解的重點。政治可以確保現狀，它從來不是劇烈轉變的原因，從來不是。歷史可以告訴我們，革命總是由集體意識出發的。兩百年後，當未來的人們回頭看我們的時候，會對著我們微笑說：在自我負責這個議題方面，我們還完全是個菜鳥呢！

我們暫且可以放下對於國家系統的信念，並且從政治、國家、疾病保險、

政治從來就不是領頭羊，
而是隨著人民集體的意識而來。

醫院、醫生手中，拿回我們個人健康的主權與權力，這是我們自己的事情！所以醫生不是治百病的神，而是與其他上千種職業沒兩樣的服務提供者，如此而已。

如果我想要健康，我就不能避免疾病發生，而是盡可能活得健康，但不是處處節制自己，因為這完全是非必要的。但要小心的是：不用使力過猛或完全不努力，而是傾聽身體的聲音。

舉例來說，如果你想要減肥：有兩種可能性。多燃燒脂肪或減少食量，這是過程中你必須知道的核心重點，知道了以後就可以開始行動了。

這看起來簡單，執行上卻不簡單，但至少很容易理解。

我們不必避免疾病的發生，
而是要活得健康。

為我憂心解勞！

我們希望讓別人減少我們的恐懼，希望眾人減輕或分擔我內心的壓力和痛苦，那痛苦就立刻減少一半了；如果某人關心你，他就是在分擔你的壓力，甚至可能是分擔你全部的煩惱。

煩惱（Sorge）這個字在德文裡有兩個意思：它既表示我「擔心」你，亦表示我「照顧」你。第一個意思代表的是某種特定的恐懼，不過並非急劇的、迫切的、當下的恐懼，而是一種敏感的、預見未來的恐懼，即一種預期的困難、可能會發生的危險。它會在人類的思想裡被預期，未來可能發生的某件事會突然應驗，並且對此時此刻有所影響，雖然它根本就還沒發生。擔憂之人的感覺、思想及行動，深受這種未來可能出現的負面事件影響，我們也可以說：擔心的人，在無形中製造出不好的結果，這也是為什麼，德文裡表達的方式是：Ich mache mir Sogen（我很擔心。字面直譯為：我給自己「製造」煩惱。）

這裡的危險之處在於，這種負面的感覺真的會產生作用。如果你對某事投入太多精力，而這件事根本尚未發生，那麼在你心裡，它一定會出現的機率就大大提升，因為在你的生活中，你持續投入精力的事會一直壯大。舉例而言，如果你想要擴張企業，你就必須為此投入大量精力；如果你想要鞏固愛情，你就必須投資時間和興趣，在那些能增進你與另一半感情的事物上。

相對的，**如果你持續為某事擔心，你就是在壯大自己的恐懼，那麼這擔心背負著的，就是一個會自行成真的預言**。

時不時出現負面的思想，這是很正常的。不過如果這種負面意識持續得太久，那麼你就要小心了。如果你長久以來一直擔心你的另一半可能會離開你，那麼你很有可能就會因為過度緊盯他不放，而導致兩人分手，但這其實是你原本想避免的。擔心被別人拒絕或不被接受的人，會讓自己擁有低三下四的態度，讓別人有一種把人踩在腳底下的感覺。擔心自己的孩子成不了氣候的人，孩子一旦遭遇挫敗，父母在情緒上就會過度反應：「我就知道你做

強烈地擔心，結果將會印證自己的想法。

不好！」這種態度會讓孩子心中承受的挫敗遠比勝利還多。擔心的「效果」與「原因」之間的界線變得模糊，愈是急迫，煩惱成真的機率就越高。你肯定也曾經聽過這句話：「這我一開始不是早就告訴過你了！」

強烈地擔心，必定會造成的結果就是——印證自己的想法……

認命、低頭

……但卻不是找到快樂的好方法。煩惱是啃咬著不放、具破壞性的恐懼，它們每天都悄悄地發揮作用。恐懼貧窮，有些人為了讓自己受到照顧，選擇和來自富裕家庭的人結婚，但真愛會不會就此產生呢？有些人選擇一份工作，是因為他們相信，這份工作將保障他們的生活。以我為例，這份工作就是「聯邦國防軍」，我的父母（沒錯，還有我也是）當時都相信，聯邦國防軍能夠減少他們對於我經濟狀況的擔憂，至於這會不會變成我的使命呢？我認為並沒有。

被其他人拒絕、不被別人喜歡、被人排擠，這是一個普遍的煩惱，它製造出很大的服從壓力，人們會開始為別人而活，融入團體生活、待人和藹可親，而忘記了自己自身的需求及願望，這是否會讓他找到自己的路呢？此外，那種總是害怕錯過什麼的心理，讓人變得貪婪，也一點不少見，是否會造成太過繁忙、太靜不下心？怕被別人超越，擔心競爭者會贏過你，而造成過度的野心。至於這是不是真的會讓人變強呢？對於怕懷孕、怕再也生不了小孩、怕做了錯誤決定、怕搞砸事情、怕寂寞，這些煩惱都能夠影響當下，並且影響人的性格。

過程中持續地擔憂恐懼，肯定無法提升一個人的自我價值。內心感受到缺乏而不是充實的時候，就會產生煩惱。憂慮的人並不為自己而活，他們活在逃避煩惱的模式中，依據煩惱而關注外在事物：同儕壓力、金錢、成功、伴侶、地位象徵、他人目光。他們對於過去感到惋惜，並且擔心未來，因此他們並非活在當下。擔憂的人活在自己以外的世界裡，也使自己的內心變得軟弱。

某些看似堅強的人也不例外，他們散發出極大的自信，但自我價值卻很低，他們用盡全力，就怕自己變得一無是處。他們必須用戰勝別人來彌補自卑：與別人角力、讓別人筋疲力盡、摧毀別人。請你觀察一下自己：**每次當你因為別人的失敗而高興時，就代表，你目前的自我價值並不穩定。**

內心感覺缺少什麼的時候，
就會產生煩惱。

許多老闆、企業家、領導人，都屬於這類人，他們一手建立起真實的王國，乍看之下，為自己贏得了尊敬，在他們的職業生涯中，卻偶爾會發生一些怪事：他們利用資源來剝削其他人，遊走犯罪邊緣，甚至利用朋友，利用別人的缺點來展現自身的優點，整體來說，他們為了一己之私，剝奪他人的時間與權益，以為自己的囂張可以輕易蒙蔽是非，這表示他們藉由剝削別人來減輕個人的恐懼和擔憂。

煩惱（Sorge）這個字在德文的第二個意思完全和第一個解釋相反：當某人為某事煩心，並且承擔了責任，也就是「照顧、照看或憂勞」的意思。他會說：「我來想辦法……」對未來的預先設想，有先見之明的謹慎心態。

幾個星期前，我坐火車時經歷了一件趣事，那是我演講了整整一週之後，準備返家的週末。我整個人筋疲力盡。火車慢慢駛向月台，輪椅專用坡道展開後，我便可以上車，只差幾步就到我的座位了，很好，終於可以休息一下了。我到達座位旁後，想要把行李放好，坐到位置上，接著我想到：等等，你待會要坐三個小時的車，最好先去上一下廁所。

但是現在我有個問題，帶著行李的話，廁所會太擠，而且不方便，於是我問了對面座位上的女乘客，能否幫我看一下行李。接著，趣事就發生了，

煩惱既是恐懼，
也是謹慎的先見之明。

她朝著我上下打量、起身走到我這裡，彎下腰來眼睛與我平視，用新兵在訓練營的口吻，大聲地回答：「沒問題，交給我！」多麼負責任的語氣！就算我有一個裝滿錢的行李箱，我也會二話不說交到她手上的。

一位企業領導人思考公司的未來時，也應該要有這種負責任的態度。因為他們的職責所在，就是避免最壞的情形發生、不讓公司每況愈下。一個負責的規劃，除了「最佳情況」之外，也包含了對「最壞情況」也就是風險的評估。領導階層不會忽略這兩者：清楚冷靜地看著機會，而不見獵心喜；清楚冷靜地看見危機，而臨危不亂。內心堅強且一肩扛起「憂勞」責任的人，不會被擔憂所擊倒，而是能清楚確實地看見未來的機會。這種憂勞，不是為某事擔心，而是為了某事努力，也就是自己扛起責任，為某事付諸行動，為了一個效用、為了一個結果，就像父母親的身教言教就是該讓小孩學習堅強與獨立一樣。這種憂勞之人，自然而然扮演起一個領導的角色。

純粹的擔心與為人分憂解勞之間的界線是模糊的。問題是：判別這兩者的依據為何？它們在什麼情況下會變得有害？再者，人們要如何掌控這個情形？

照看某件事，就是負責的表現。

瞎操心還是替人分憂解勞

一個女人正在等丈夫回家。其實，他最晚應該在七點鐘就要回來了，但是他顯然遲到了。外面狂風暴雨，但他沒接電話。

時間愈來愈晚，妻子也愈來愈擔心。她的腦中突然閃過一些不祥畫面，被狂風吹落的樹枝，砸到了丈夫的車上。她最近才在報紙上看過這種照片。接著，丈夫的臉快速閃過她的腦海，她想像他是如何在酒吧和朋友喝酒喝到爛醉。接下來，她想起他們曾有的爭吵：那時他誇了新來的祕書，既聰明又漂亮……

後來他終於打了通電話告訴她，和老闆的會議時間延長了，手機也沒電了，充電器又放在車上，所以他現在才在車上打電話給她。但她完全聽不進去，她沉浸在自己的擔憂裡，導致一個字都聽不進去……待會他回到家就有苦頭吃了！

這真是經典的場景，每兩部好萊塢電影中，就有一部會上演這樣的情節。我們自己腦補製造出最可怕的地獄景象，例如嫉妒的地獄。起初覺得很美：雙方掛念彼此，無時無刻想著彼此。「你人在哪裡？你不是早該到家了

純粹擔心與為人分憂解勞之間的界線是模糊的。

嗎？」像下列這種嫉妒的情景不免令人莞爾：「喂，你在看那個女生的哪裡啊？」或者：「你的眼睛在那個男的身上也太久了吧！」這當中釋放出的訊息是：「我對你是認真的，我可是很在乎你的。」這種嫉妒只要不太過泛濫，其實還算是美好的事啦。

現在請你把目光從那個擔心的人，移到那個被擔心的人身上，只要你轉換一下立場，就會發現，一切不再那麼迷人，或不再那麼有趣了，對吧？

我二十出頭的時候，在我的朋友圈裡，有一位非常非常美麗的女孩。我在派對上和她聊天，年輕男性賀爾蒙全力加速分泌，我的眼中只有她。

儘管如此，或者說正因為如此，我發現其他的男生也一直處心積慮地想靠近她，為了要請她喝飲料，他們還互相打了起來，也試著要打斷我們的談話。當然，這一切都是為了討那個女孩的歡心，每個人都想要得到她的青睞，哪怕只是一秒鐘也好。

她對我說：「他們這種急於討好人的行為，不是超愚蠢的嗎？」

我覺得她很聰明。

不過時間久了我就發現：她總是一再地回到這個話題上，時不時就會有男生像公雞一樣坐在她旁邊吱吱喳喳。此時我終於了解，她自始至終都沉浸在被仰慕的感覺中，她喜歡這種感覺。她明明想要被仰慕，卻又對它叱之以鼻。為什麼呢？因為她知道人們會怎麼評論，什麼是我想聽見的。為了引起並維持我的興趣，她做了必須做的事，如此一來，我就會時時刻刻想著她、掛念著她。我從她的眼裡看到她一直四處張望，探尋著下一個仰慕者出現，甚至以性感的肢體語言助自己一臂之力：來追我，為我憂心的人才會得到我的眷顧！

我多麼失望！才剛在我心裡萌芽的愛意也瞬間消失了。

*

哲學家馬丁．海德格在他的巨作《存有與時間》中寫道，「煩憂」會決定人類的存在，包括憂心自己以及照看他人的需要。海德格認為，「煩憂」能讓人意識到自己的存在，它是人類存在的一種基本心理狀態，「煩憂是人性」。

重點是清楚自己要什麼，過程中我們要能夠支持自己。分憂解勞絕不是我們能向別人索討而來的東西！如果我們想要得到它，進而向別人要求：

「為我憂心，解我煩惱！」那麼就會變成問題。

我們應該把重點放在另一個方向上：對於哲學家卡繆來說，人性的存在，打從一開始就是荒謬、毫無意義。因此他認為人類需要為最親近之人的快樂而憂勞，引領人做好為別人犧牲的準備，這種行為使人類變得團結、使人類成長。他在《薛西弗斯神話》中寫道：「一切事物的開端，起於簡單的煩惱。」換句話說，一旦我為別人煩憂，我就能賦予世界意義。

所以這與動機有關。人是要讓自己成為被照顧的對象，還是照顧別人？這也會決定一個人自身的快樂。照顧別人、不依賴他人，會讓人變堅強；讓別人照料、要求別人照顧自己，會讓人變軟弱。

激烈療法

在我發生意外、進了醫院後，我的諮詢師就開始引領我，為出院後的生活做準備，他們對我細心照料，幫助我坐上輪椅、我的衣物有人洗、食物有人準備。每一天的復建療程等都被妥善安排好了。當我到了診療室，電動門會自動打開，中間沒有門檻，路程也很短，角落有個運動空間以及其他我需要的東西，諮詢師及物理治療師也全程在場。在我周圍一百五十公尺之內的所有一切都被安排得好好的，這樣的生活對於一個四肢癱瘓的病人來說也算簡單。

時間一天天過去，我的感覺越來越好，我覺得我恢復得夠好了，能夠回到外面的世界了。但是這種強勢的感覺只是一個假象。對於要能控制外界現階段的生活環境，我太過自滿了，那是一個錯誤，就像是一個孩子沒有意識到父母保護的雙手一樣，我把醫院周遭的保護視為理所當然。

出院的第一天，現實就好像重重地打在我身上的球棍，簡直就是場災難：沒有人幫我準備食物，我必須自己去採買，但是我要怎麼去超市呢？開車啊！當時，光是上下車就要耗費半小時，超市的停車場上，路沿沒有斜坡，我怎麼上得了車？買好東西要怎麼拿？用局部癱瘓的雙手從錢包裡拿錢，突然間，每一件小事都變得很困難，因為我必須自己來。必須準備食物、洗衣服、曬乾、折好。突然間，我一整天都忙於……忙於什麼？噢對，忙於生活！忙於生存、忙於一切和生存有關的事物。這讓我負荷過重，恐懼臨頭：如果光是生存，就已經壓得我喘不過氣了，那我還要怎麼工作啊？真是讓人挫折不已。

如今這些已經不再是問題了，生活中大部分的事，我已經規劃地井井有條，雖然絕大部分的事情及手部動作，並沒有比當時更容易，但我想辦法製造出一個便利的生活環境。因為不論過去或現在，我一再地體認到，我就是跟不上一般人的生活節奏，它對我來說，快得不能再快了。我唯一能做的是，保持我自己的節奏，我規劃得非常好，把事情都預先設想了一遍，那麼也許我還可以追上別人的腳步，否則我一點機會也沒有。儘管如此，直到現在我還是非常驚訝我的職業生涯還能繼續下去。不過，要做到這樣，必須走一段非常遠的路，遭遇到非常多的挫折與打擊，克服這些、從中學習，這都讓我的內心變得堅強。

當時在醫院的我，內心很脆弱，雖然我的感覺良好，但我沒有發現，我良好的感覺，其實是依賴別人對我的照顧而來的，我是依賴的，且沒有意識到這一點。就像一個受到父母呵護的小孩一樣，那是一個保護機制，因此，我根本不會不好受，當時這是必要的，至少在那一段時間裡是如此，但之後我就必須脫離保護，我必須再度脫離被別人照料的日子。

為什麼？

為了能夠真正地活得自主且自由。不是虛構的，而是真的變得強大。

「照顧我吧！」這個要求不只讓人變得虛弱，還會讓人變得不自由且不自主。

身為小孩、意外事件的受害者、或處於苦難中的你，需要幫助與支援，你得依賴別人的照料，那麼你就是全然接受安排的一方，只能聽天由命，要設法把依賴盡量減低。

你內心有多強，你就能承擔多大的責任。

時候到了，只要你有能力，就一定得做好照顧自己的準備。你下一步要做的，就是發展照顧他人的能力，先讓自己變強，才能讓別人也變強，這時候的你，是照料他人的一方。如果其他人需要你，那你就可以幫忙。為什麼？因為你很強大！在生活中，你可以扮演領導者的角色，例如養育小孩，成為父母。俗語說：成為父母不難，但是要做好父母的角色才難。或者領導一個部門或自己的企業。記住：變得獨決獨斷不難，但要獨立自主且做好該做的事才難。

你內心變得有多強，你就能持續承擔多大的責任，因為你照顧了自己，接著你會成長，盡你所能成為最好的你。

自己先變強，
才能讓別人也變強！

結束！

卡爾·拉格斐（Karl Lagerfeld）是我看過活得最自主的人之一。他的成就、創造力及那股特立獨行的固執，都讓我留下深刻印象。我有次在文化電視台 ARTE 看過一段關於他的訪問，十分引人入勝，這部影片名為《生活速寫》（Lebensskizzen）。

場景很簡單：卡爾·拉格斐坐在素描本前。這很符合他的天賦：繪圖。拉格斐一生都在作畫，日復一日，從未停歇。在影片中，他談及自己，以及他的繪圖生活，例如他成長的家庭，他的母親、他不喜歡的老師等等。他聊到他都還沒畫上幾筆，就把素描頁給撕了，扔進垃圾桶。「我愛死垃圾桶了！」他說。垃圾桶代表著放手，放手之後再次全神貫注。

說到童年，他畫了小學時期的自己，當其他小孩穿著短褲，四處奔跑的時候，他已經穿得像個大人，長長的法蘭絨褲配上領結。拉格斐說：「我從來都不想當個小孩，我覺得這是件很恐怖的事。我的童年夢想就是：不再當個孩子，趕快長大。」

對大部分的人來說，童年就像天堂，但拉格斐卻認為童年很羞辱人，讓人變得依賴。他覺得童年時代的自己，活得像個二等公民。

當然，他的看法很極端，是典型的「拉格斐風格」，我不會建議你百分之百複製他的風格。不過，像拉格斐這種極端想法，卻非常適合做為某些人的啟蒙教材。他散發出強烈追求獨立的氣質，他的生活哲學就是：「閉上嘴、承擔責任、做出成績，然後活得自由自在。」

舉個例子來說，他在一九五六年以年輕時尚設計師之姿，投身法國品牌巴爾曼（Balmain），加入一個四人團隊，當時的任務是繪出新一季的服裝款式。全部的設計，包括最小的細節，都必須為顧客繪製出來，這需要極大的紀律。

他的目標是儘快成為首席設計師。而他馬上就意識到該怎麼實現這個目標：「承接其他人的工作來做！」

他自動自發地一肩扛起全部的服裝系列、款式及繪圖，扛起了整個公司的成敗責任，他乾脆把所有的事都攬在身上，為此，其他的設計師很開心，因為他們的日子可以過得很輕鬆，不必做什麼事，公司還是照樣運作。然而，權力跟著責任而來。六個月後，拉格斐成了首席設計師，其他四人則被解雇了。品牌創始人皮爾・巴爾曼（Pierre Balmain）明白，其他人雖然也在工作，

權力跟著責任而來。

但是團隊中，真正為了新一季產品設想的人，只有卡爾．拉格斐一人。

他對於獨立的渴求有多極端？這可以從他對死亡的看法得知一二。在錄製《生活速寫》的過程中，他被要求畫出死後想下葬的地方，一開始，他以為自己聽錯了，接著他拿起一張白紙，將其撕碎並揉成一團，接著丟進垃圾桶，他斬釘截鐵地說：「多麼可怕啊！我才不要！」

接著他露出微笑，還是對於這個要求給出了一個答案：「火化、丟棄、完事。他無法想像自己死後，還要為他人造成困擾，誰都有消失在這個世界上的一天，沒有人必須看到他死去的模樣。「我恨透了葬禮！」他不想讓其他人經歷這可怕的事！「從夢裡醒來，那個夢就是人生，結束就結束。我才不要從中製造任何麻煩呢！」

卡爾．拉格斐全然地活在當下。如果他迷失了，他就會快速放手，為的是重新回到位置上，全神貫注在他的畫布上。他不在乎活了多少歲數，而是活出專精的質量。

長久的專注和創造，只會在自我負責及自我憂勞中誕生。讓我們盡其所能，恰如其分地自食其力。

後記

服務的精髓

幾年前，我和家人到科隆購物血拼，在滿載而歸之後，我們走向車子，準備離開。這時有一群年輕人經過，他們的眼神充滿了不確定，正無助地東張西望。他們就像鄰家的大男孩般，其中有一人跟我攀談，含糊地敘述他們如何錯過了一班火車，還欠一些錢才能買車票，問我能不能借錢給他。

我看著他，不假思索地從錢包裡掏出一張五十歐元的紙鈔給他。

他遲疑了一下，盯著我看：「什麼？你怎麼這麼乾脆的就給錢？」

我回答：「不然呢！」

「如果我沒有還你呢？」

「那是你的問題，我做我能做的，你做你想做的。」

我給了他公司的地址和網站名稱，好讓他有機會還我錢。「如果你想還錢，就聯絡我。」

他還是無法置信：「但是……你無法保證我會不會還你錢！」

「沒錯，我沒辦法。」

他拿了錢，和那群人繼續往前走，而我們上了車後就回家了。

他到現在都沒有把錢還給我。但是對我來說，這五十歐元並不算浪費。我是否讓他變得快樂呢？也許完全沒有。不過，他將會以某種方式成長，因為欠人的總有一天要償還，而所有的一切也都有代價。

那位年輕人要為他的沒有償還而付出代價。我不必評論或譴責他，他會付出代價：感受到生命的意義。而我也確信：這筆債至今仍是他無法擺脫的沉重負荷。

反觀我，活得輕快而自由。

國家圖書館出版品預行編目（CIP）資料

沒有一種幸福，是說好的：德國管理大師教你跳脫受害者模式，破解人性窠臼，自我覺察的快樂指南。
柏里斯 • 葛倫德（Boris Grundl）著；張綱麟譯／初版
臺北市：遠流，2018.08 336 面；14.8*21 公分（綠蠹魚；YLP21）譯自 : Mach mich glücklich : Wie Sie das bekommen, was jeder haben will　ISBN 978-957-32-8323-2（平裝）
1. 生活指導 2. 快樂
177.2　107010539

綠蠹魚 YLP21

沒有一種幸福，是說好的

德國管理大師教你跳脫受害者模式，破解人性窠臼，自我覺察的快樂指南。

作　　者　柏里斯・葛倫德 Boris Grundl
譯　　者　張綱麟
特約編輯　張雅茹
校　　對　莊祖欣 Cindy Kuhn-Chuang
封面設計　職日設計
內頁設計　費得貞
行銷企畫　沈嘉悅
副總編輯　鄭雪如

—

發 行 人　王榮文
出版發行　遠流出版事業股份有限公司
100 臺北市南昌路二段 81 號 6 樓
電話　（02）2392-6899
傳真　（02）2392-6658
郵撥　0189456-1
著作權顧問　蕭雄淋律師

—

2018 年 8 月 1 日 初版一刷
售價新台幣 380 元（如有缺頁或破損，請寄回更換）

ISBN　978-957-32-8323-2

ylib 遠流博識網　www.ylib.com　E-mail: ylib@ylib.com
遠流粉絲團　www.facebook.com/ylibfans